명언으로
유창한 영어

명언으로 유창한 영어

Fluent English with Wise Words

Philip Cha 지음

"You Can Speak English."

수록된 영어 문장들을 외우면 자동적으로 기본 문법을 습득할 수 있다!

이 책에 수록된 1,500개의 지혜의 말씀들은 어떤 상황에서도 삶의 길잡이가 되어 주며 든든한 인생의
동반자가 되어 주고 성공의 발판이 될 것입니다.

좋은땅

인생을 성공으로 이끄는 길은 많습니다.

그중에서도 지혜의 말씀들(the words of wisdom)을 통해서 어려운 날 힘을 얻기도 하고 성공과 번영의 순간에 겸손과 양보를 배우기도 합니다.

누구든지 지혜와 명철의 말씀으로 무장된 사고방식과 인생관을 가지고 있다면 결국은 성공할 수밖에 없는 인생의 소유자가 될 것이고 이루어진 성공 또한 쉽게 무너지지 않는 강력한 힘을 갖게 됩니다.

이 책에 수록된 1,500개의 지혜의 말씀들은 어떤 상황에서도 삶의 길잡이가 되어 주며 든든한 인생의 동반자가 되어 주고 성공의 발판이 될 것입니다.

많은 사람들이 지혜의 말씀을 통해서 자신을 발전시키고 생활 속에 실천해 나간다면 이 아름다운 세상은 더욱 밝아지고 더 살 만한 곳으로 바뀌리라 믿습니다.

이 책은 영어 교재로도 최고의 가치를 가지고 있습니다.

영어를 단순하고 쉽게 그리고 빨리, 정확하게 배우는 유일한 방법은 문장의 5형식에서 세분화된 25개의 문형(sentences pattern)을 잘 이해한 후 응용 실력을 쌓는 것입니다.

이 책에 수록된 1,500여 문장들은 다양한 문형(sentences pattern)을 가지고 있습니다. 이 책에 수록된 영어 문장들을 외우면 자동적으로 문형들을 통한 기초 문법을 습득하게 되고, 더 나아가 무궁무진한 응용(작문) 실력을 갖추게 됩니다.

이 책을 통해서 품위 있고 자존감 있는 인격의 소유자가 되며 나아가 어렵게만 여겼던 영어가 쉽게 정복되는 기적을 맛보게 될 것입니다.

저자 Philip Cha

Don't judge a book by its cover.

책의 표지를 보고 내용을 판단하지는 마십시오.

Read the best book first.

가장 좋은 책부터 읽으십시오.

Be proud of yourself.

자신을 자랑스럽게 생각하십시오.

Well begun is half done.

시작이 절반입니다.

A friend in need is a friend indeed.

어려울 때 친구가 진짜 친구입니다.

There is always something to celebrate.

기뻐해야 할 일은 항상 있습니다.

Ask for a third opinion.

세 번째 의견을 들으세요.

Family first.

가족부터 챙기십시오.

The beginning is always today.
시작은 항상 오늘입니다.

Make actions, not saying.
말은 그만하고 행동하십시오.

Praise more than you criticize.
비난보다는 칭찬을 더 많이 하십시오.

Study hard.
열심히 공부하십시오.

Don't let people bring you down to their level.
사람들이 당신을 그들의 수준으로 끌어내리게 하지 마십시오.

Too many fingers spoil the pie.
사공이 많으면 배가 산으로 갑니다.

It takes years to build trust but only takes seconds to destroy it.
신용을 쌓기 위해서는 수년이 걸리지만 무너지는 것은 순간입니다.

Life is tough, but you can be tougher.
인생은 힘들지만 당신은 더 강해질 수 있습니다.

Money can't solve all the problems.

돈이 모든 문제들을 해결할 수는 없습니다.

Cherish your old friends.

당신의 옛날 친구들을 소중히 여기세요.

Love casts out fears.

사랑은 두려움을 물리칩니다.

Experience makes the difference.

경험이 차이를 만듭니다.

Flowers feed the soul.

꽃들은 영혼을 살찌게 합니다.

Having money doesn't mean you are happy.

돈이 있다고 해서 행복한 것은 아닙니다.

Never put off saying "I love you".

"당신을 사랑합니다"라는 말을 결코 늦추지 마세요.

Know when it is time to leave.

떠날 때를 아세요.

Dream boldly.

담대한 꿈을 꾸세요.

Fix the mind first and the body second.

먼저 마음을 다스린 후 몸을 다스리세요.

Listen with your eyes.

눈으로 상대방의 말을 들어 보세요.

You are as young as you feel.

당신이 젊게 느낀다면 당신은 젊습니다.

You cannot fake integrity.

성실을 위조할 수는 없습니다.

Don't deceive yourself.

자신을 속이지 마세요.

Let experience guide you.

경험이 당신을 안내하게 하십시오.

Forgive and forget.

용서하고 잊읍시다.

Play your cards right.

자신의 입장에 맞는 처신을 하세요.

Patience cures everything.

인내는 모든 것을 해결합니다.

Good health is priceless.

좋은 건강은 값으로 따질 수 없습니다.

Count to ten before you get angry.

화내기 전 열까지 세어 보십시오.

Nothing is as easy as it looks.

어떤 것도 보이는 것처럼 쉽지 않습니다.

Don't believe everything you read.

당신이 읽는 모든 것을 믿지는 마십시오.

Rise early.

일찍 일어나세요.

Kind people act kindly.

친절한 사람들은 친절하게 행동합니다.

Small steps are much better than no steps.
작은 시도가 아무것도 하지 않은 것보다 훨씬 좋습니다.

Freedom brings peace.
자유는 평화를 가져옵니다.

Time treats everyone equally.
시간은 모든 사람을 평등하게 대우합니다.

Four hands can do more than two hands.
백지장도 맞들면 가볍습니다.

Don't achieve success at the cost of the soul.
성공을 위해서 영혼을 팔지는 마십시오.

Talk is cheap.
말로만 하는 것은 쉽습니다.

Win the last battle.
마지막 전투에서는 승리하십시오.

There is no end to learning.
배움에는 끝이 없습니다.

Never despair

결코 절망하지 마세요.

Enjoy each age of your life.

인생의 어느 때든지 즐기도록 하십시오.

Don't use your teeth to open things.

물건을 열기 위해서 이를 사용하지 마십시오.

Wise people listen to those who oppose them.

현명한 사람들은 반대하는 사람들의 의견도 듣습니다.

Help yourself first, then ask others to help you.

먼저 노력해 보세요. 그다음에 남들에게 도움을 청하세요.

Be humble.

겸손하십시오.

No one has a right to oppress others.

아무도 다른 사람들을 억압할 권리는 없습니다.

Help a friend in need before he asks.

친구가 어려우면 부탁하기 전에 먼저 도와주십시오.

Your imagination can take you to great places.
당신의 상상력은 당신을 근사한 장소로 데려갈 것입니다.

There is always a better way to do something.
어떤 일이든지 항상 더 좋은 방법은 있습니다.

Think today speak tomorrow.
오늘 생각하고 내일 말하세요.

New doors open when old doors close.
하나의 기회가 막히면 또 다른 기회가 열립니다.

Never argue with the person who talks loudly.
큰 소리로 떠드는 사람과는 절대 언쟁하지 마십시오.

Be polite to beggars.
거지들에게 정중하세요.

Whatever you worry about is not as big as you think it is.
당신이 걱정하는 것이 무엇이든 당신이 생각하는 것만큼 크지 않습니다.

Unless you repair a crack, you will have to rebuild a wall.
만일 작은 구멍을 고치지 않으면 벽을 다시 세울지도 모릅니다.

Never say "No" until you hear the whole story.

이야기 전부를 듣기 전까지는 절대 "아니오"라는 말은 하지 마세요.

Happy people think happy thoughts.

행복한 사람들은 행복한 생각을 합니다.

To err is human.

인간은 누구나 실수합니다.

You can ruin the present by worrying about the future.

미래를 너무 걱정하면 현재를 망칠 수 있습니다.

Sometimes free advice is worth more than paid advice.

때때로 그냥 얻는 충고가 돈을 지불한 충고보다 더 가치가 있습니다.

The unexpected always happens.

기대하지 않은 일들도 항상 일어납니다.

Remember kind things that have been done for you.

당신에게 베풀어진 친절한 일들을 기억하십시오.

A man may be known by the promises he keeps.

사람은 그가 지키는 약속을 보면 알 수 있습니다.

Use the old before getting something new.

새것을 사기 전 오래된 것부터 사용하십시오.

Liars easily recognize another liar.

거짓말쟁이는 거짓말쟁이를 쉽게 알아봅니다.

Failure is essential to learning.

실패는 배워 가는 과정에서 필수적입니다.

Every garden has a few weeds.

잡초 없는 정원은 없습니다.

An hour is an hour for everyone.

한 시간은 모든 사람에게 한 시간입니다.

What pains us trains us.

우리를 고통스럽게 하는 것이 우리를 단련시킵니다.

Beauty comes from the soul.

아름다움은 영혼으로부터 옵니다.

All good things must come to an end.

모든 좋은 것들도 끝이 있습니다.

One man's food may be another man's poison.
나에게는 좋은 음식도 남에게는 독이 될 수 있습니다.

Forgive yourself before others forgive you.
남들이 당신을 용서하기 전 먼저 자신을 용서하십시오.

Compliment people every day.
매일 사람들을 칭찬하십시오.

The hand that gives gathers.
베푸는 자가 많은 것을 얻습니다.

Great people say great things.
위대한 사람들은 위대한 것들을 말합니다.

You have to learn to crawl before you walk.
걷기 전에 기는 것부터 배워야 합니다.

Your real enemy is inside you.
당신의 진짜 적은 당신 내부에 존재합니다.

Be careful of anyone who has no sense of humor.
유머 감각이 없는 사람을 조심하십시오.

Wisdom helps you live a better life.

지혜는 당신이 더 좋은 삶을 살도록 도와줍니다.

Strengthen your body.

당신의 육체를 강건하게 하십시오.

Make big plans for yourself.

당신 자신을 위해서 큰 계획을 세우십시오.

Wise people know how to keep money.

현명한 사람들은 돈을 관리하는 방법을 알고 있습니다.

Just begin.

그냥 시작하십시오.

Words can be art.

언어는 예술이 될 수 있습니다.

Learn how to make and keep friends.

친구를 사귀고 우정을 유지하는 법을 배우세요.

Praise in public, criticize in private.

칭찬은 공개적으로, 비판은 사적으로 하십시오.

Tell your family today how much you love them.

오늘 가족들에게 정말 많이 사랑한다고 말해 주세요.

There is no elevator to success.

성공은 하루아침에 이루어지지 않습니다.

Teaching is learning.

가르치는 것이 배우는 것입니다.

Jesus Christ is the Lord.

주 예수님은 하나님이십니다.

A good book is a great friend.

좋은 책은 위대한 친구입니다.

Every tale can be told in a different way.

모든 이야기들은 다르게 전해질 수 있습니다.

Remember the good decisions you made.

당신이 잘 결정했던 일들을 기억하세요.

Never judge before you see it.

보기 전에는 판단하지 마세요.

Do more, talk less.
말은 적게 하고, 행동은 많이 하세요.

It is Ok to cry.
울고 싶을 때는 우십시오.

Be friends with your family.
가족들과 친구가 되세요

Learn to cope with rejection.
거절을 극복하는 법을 배우세요.

Fight for love.
사랑은 쟁취하는 것입니다.

A home is made of love and dreams.
가정은 사랑과 꿈으로 이루어집니다.

Thinking is exercise for the mind.
사고는 마음을 위한 훈련입니다.

A good education makes a difference.
좋은 교육은 차이를 만듭니다.

Be careful what you say.

말을 신중하게 하세요.

Don't try to control everything.

모든 것을 통제하려고 하지 마십시오.

There are no free lunches in the world.

세상에 공짜는 없습니다.

Faith can move mountains.

신념은 산도 움직입니다.

Cultivate your talents.

당신의 재능을 계발해 나가십시오.

The majority is often wrong.

다수의 의견이 항상 옳지는 않습니다.

No challenge is ever easy.

쉬운 도전은 없습니다.

Never take away hope from others.

절대 다른 사람의 희망을 강탈하지 마십시오.

Fame is better than fortune.

명성이 재산보다 좋습니다.

Pray for your enemies.

당신의 원수를 위해서 기도하십시오.

It is better to understand the arts than artists.

예술가를 이해하는 것보다 예술품을 이해하는 것이 더 좋습니다.

The things we worry about seldom happen.

우리가 걱정하는 일들은 좀처럼 일어나지 않습니다.

Old friends are the best friends.

옛 친구들이 가장 좋은 친구들입니다.

It doesn't cost anything to say nice things.

좋은 말을 한다고 해서 돈이 드는 것은 아닙니다.

Experience is a great teacher.

경험은 위대한 스승입니다.

Get a chance to kill two birds with one stone.

돌 하나로 새 두 마리를 잡을 수 있는 기회를 가지세요.

No answer is an answer.
무응답도 하나의 대답입니다.

Knowledge is the treasure of the mind.
지식은 마음의 보물입니다.

Kiss is the language of love.
키스는 사랑의 언어입니다.

Money blinds the eyes of wise men.
돈은 현명한 사람들의 눈을 멀게 합니다.

There can be light in darkness.
어둠 속에서도 빛은 존재합니다.

Everybody has power inside him.
모든 사람은 자신 안에 능력을 가지고 있습니다.

Allow yourself to feel rich without money.
돈이 없어도 자신을 풍족하다고 느끼십시오.

You harvest what you have planted.
심은 대로 거둡니다.

Be a good listener.
타인의 말을 경청하는 사람이 되십시오.

Speak well of the dead.
죽은 자에 대해선 좋은 말을 하십시오.

Learn to take the right road in life.
인생에 있어서 옳은 길을 찾아가는 것을 배우십시오.

Teach your kids about money.
자녀들에게 돈에 관해서 가르치십시오.

Focus your energies on the present.
당신의 에너지를 지금 이 순간에 집중하십시오.

Never put off until tomorrow what you can do today.
오늘 할 수 있는 일을 내일로 미루지 마십시오.

Tomorrow will become yesterday.
내일도 어제가 될 것입니다.

When you discover that you are on the wrong track, turn back right away.
당신이 잘못된 길을 가고 있는 것을 알았다면 즉시 돌아서십시오.

Yes, you can.
물론 당신도 할 수 있습니다.

Make your imagination real.
당신의 상상력을 현실로 만드십시오.

Lost time is never found again.
잃어버린 시간은 결코 돌아오지 않습니다.

Hear twice before you speak.
말하기 전에 두 번 들으세요.

Say things well.
예쁘게 말하세요.

Watch, listen and understand.
잘 보고 듣고 그리고 이해하세요.

Bite your tongue.
말을 가려서 하십시오.

Go home and love your family.
집에 돌아가서 가족과 함께 보내세요.

Be humble and patient.

겸손하십시오. 그리고 인내심을 가지세요.

Change brings new opportunities.

변화는 새로운 기회를 가져옵니다.

Watch sunrises.

일출을 바라보세요.

A thing easy to get is easy to lose.

쉽게 얻는 것은 쉽게 잃습니다.

Silence is sometimes the best answer.

침묵은 때때로 최고의 대답이 됩니다.

Know when to stop.

멈출 때를 아십시오.

No one has everything.

모든 것을 가진 사람은 아무도 없습니다.

Be a friend to have a friend.

친구를 얻기 위해서는 먼저 친구가 되십시오.

Men and women are different but equal.
남자와 여자는 다르지만 평등합니다.

Rule your mind or it will rule you.
마음을 다스리십시오. 그렇지 않으면 마음이 당신을 다스립니다.

You can learn a great deal from an opponent.
적으로부터도 많은 것을 배울 수 있습니다.

The more you love, the more you are loved.
사랑을 많이 할수록 더 많이 사랑받습니다.

Wisdom should be shared.
지혜는 나누어 가져야 합니다.

Much knowledge is gained by listening.
많은 지식은 들으면서 얻게 됩니다.

Love is more valuable than money.
사랑은 돈보다 더 가치가 있습니다.

Good ideas live forever.
좋은 아이디어들은 오래갑니다.

Be slow to judge others.

다른 사람들을 판단하는 데 신중하십시오.

Education is never a waste of time.

교육은 결코 시간 낭비가 아닙니다.

Treat all equally.

모든 사람들을 평등하게 대우하십시오.

Save money.

저축하세요.

Listen to experience.

경험을 활용하세요.

Without health, No one is rich.

건강이 없으면 누구도 부자일 수 없습니다.

If you curse others, you will be cursed.

만일 당신이 남을 저주하면 당신도 저주받습니다.

Silence is gold.

침묵은 금입니다.

A leader is judged by his followers.
지도자는 추종자를 보면 알 수 있습니다.

Kindness begets kindness.
친절은 친절을 낳습니다.

Promise little and do much.
약속은 적게 하고, 행동은 많이 하십시오.

Forgive your friends.
당신의 친구들을 용서하세요.

You have no right to judge others.
당신은 남들을 판단할 권리를 가지고 있지 않습니다.

Time and tide wait for no man.
시간과 때는 사람을 기다리지 않습니다.

If you think about the past too much, you may not enjoy the present.
당신이 과거에 대해서 생각을 많이 한다면, 현재를 즐길 수 없습니다.

A liar is worse than a thief.
거짓말하는 사람은 도둑보다 나쁩니다.

Heroes have flaws too.
영웅도 결점을 가지고 있습니다.

Everyone in love is beautiful.
사랑에 빠진 사람은 누구나 아름답습니다.

If you think too long, you may miss opportunities.
너무 오래 생각하면 기회를 놓치게 됩니다.

Kindness brings happiness.
친절은 행복을 가져옵니다.

A good name is better than fine jewels.
좋은 평판이 금은보석보다 가치가 있습니다.

A strong body makes the mind strong.
몸이 건강하면 마음도 건강해집니다.

You must love to be loved.
사랑받기 위해서는 사랑하지 않으면 안 됩니다.

Books can change the way you think.
책은 당신이 생각하는 방식을 바꿀 수 있습니다.

Curiosity can solve many problems.

호기심이 많은 문제들을 해결할 수 있습니다.

Don't think about death too much.

죽음에 대해서 너무 많이 생각하지 마십시오.

Adventures can change your life.

모험이 당신의 삶을 바꿀 수도 있습니다.

Forgive your enemies.

당신의 적들도 용서하십시오.

A book is the cheapest way to travel.

서적은 가장 적은 비용으로 여행할 수 있는 방법입니다.

Don't buy what you can't use.

사용하지 않는 것은 구입하지 마십시오.

Modest speech makes your message stronger.

겸손한 연설은 당신의 메시지를 더욱 강하게 합니다.

Nobody is perfect.

아무도 완전하지 않습니다.

It takes two to start an argument.
싸움에는 두 사람이 필요합니다.

Everything tastes good when you are hungry.
배가 고플 때는 모든 것이 맛있습니다.

Enjoy each stage of your life.
인생의 어떤 시기에도 삶을 즐기십시오.

Forget yesterday.
과거는 잊어버리세요.

Food tastes better when you are relaxed.
마음이 편하면 음식도 더 맛있습니다.

You can't change the past, but you can change the future.
과거를 바꿀 수는 없지만 미래를 바꿀 수는 있습니다.

Heroes are made, not born.
영웅은 태어나는 것이 아니라 만들어집니다.

Good health is true wealth.
좋은 건강이야말로 진정한 재산입니다.

Always use the right words.

항상 올바른 단어를 사용하십시오.

The more you give, the more you possess.

주면 줄수록 더 많은 것을 소유하게 됩니다.

Knowledge is power.

아는 것이 힘입니다.

Talking is easy, Taking action is difficult.

말하는 것은 쉽지만 행동으로 옮기는 것은 어렵습니다.

You can conquer if you believe you can.

당신이 정복할 수 있다고 믿는다면 정복할 수 있습니다.

Wonder is the beginning of wisdom.

호기심이 지혜의 시작입니다.

Imagine great things.

위대한 것들을 상상하십시오.

If you have a voice, sing.

목소리를 가지고 있다면 노래하세요.

Know when to take a break.
휴식이 필요할 때는 휴식하십시오.

Don't go to bed angry.
화난 채로 잠자리에 들지 마세요.

Look both ways before crossing.
길을 건너기 전 양쪽을 살피세요.

Now is the best time if you know what to do.
만일 무언가를 해야 한다면 지금이 가장 좋은 때입니다.

Talk happiness.
행복을 논하세요.

One lie leads to another.
거짓말은 거짓말을 낳습니다.

A good book can change a person's life.
한 권의 좋은 책이 사람의 운명을 바꿀 수도 있습니다.

You can always become smarter.
당신은 언제든지 더 영리해질 수 있습니다.

The crisis of today is the joke of tomorrow.
오늘의 위기가 내일에는 농담거리가 될 수 있습니다.

Before you blame someone, see if you can excuse.
누군가를 비난하기 전 먼저 너그러이 봐줄 수 있는지 생각해 보세요.

You can't force someone to like you.
누군가에게 당신을 좋아하도록 강요할 수는 없습니다.

Money doesn't buy happiness.
돈으로 행복을 살 수는 없습니다.

Learn from an enemy.
적으로부터 배우십시오.

Say "Please and Thank you" liberally.
"Please와 Thank you"를 자주 말하세요.

Always act well the part that is given to you.
당신에게 주어진 역할은 항상 훌륭하게 처리하십시오.

Big lies are more believable than small ones.
커다란 거짓말은 작은 거짓말보다 더 믿을 만합니다.

Freedom has responsibility.

자유에는 책임이 뒤따릅니다.

Share your wealth.

당신의 부를 나눠 가지세요.

Pursue happiness.

행복을 추구하세요.

Age doesn't have to be the brake of life.

나이가 인생의 브레이크가 될 필요는 없습니다.

Hit the books.

책을 읽으세요.

Hope for your friends' successes.

친구들이 성공하기를 바라십시오.

One bad apple will spoil the whole barrel.

썩은 사과 하나가 바구니 속의 모든 사과를 썩게 합니다.

Understand yourself better than you understand others.

남들을 이해하기보다 자신을 더 많이 이해하십시오.

Never give up.
결코 포기하지 마십시오.

Nothing is worth more than this day.
오늘보다 더 중요한 것은 없습니다.

If you smile at people, they will smile back at you.
만일 당신이 타인을 보고 미소 지으면 그들도 미소로써 화답할 것입니다.

Each day is a lifetime.
하루하루가 인생입니다.

Kindness is dearer than gold.
친절이 황금보다 더 가치가 있습니다.

Happy people enjoy life more.
행복한 사람들이 인생을 더 많이 즐깁니다.

Kindness always pays.
친절에는 항상 보답이 있습니다

Seek and you will find.
구하세요, 그러면 찾을 것입니다.

Live with people who sing, and you will sing.
노래하는 사람들과 살면 당신도 노래할 것입니다.

Stand on your own two feet.
당신의 두 발로 단단히 서십시오.

Remember your creator while you are young.
젊은 날에는 당신의 창조주를 기억하십시오.

The best comes last.
가장 좋은 것은 맨 나중에 옵니다.

Foolish people think that good ideas are foolish.
어리석은 사람들은 좋은 아이디어도 어리석다고 생각합니다.

You can win an argument by forgiving.
용서하면 논쟁에서 이기게 됩니다.

Look on the bright side.
밝은 면을 바라보세요.

Think of what you have instead of what you want.
자꾸 원하기보다는 당신이 가지고 있는 것을 생각해 보세요.

People in love are not afraid.

사랑에 빠진 사람은 결코 두려워하지 않습니다.

It takes all kinds of trees to make a forest.

숲을 이루기 위해서는 모든 종류의 나무가 필요합니다.

No one can make you feel bad without your help.

당신의 도움 없이는 아무도 당신을 기분 나쁘게 할 수는 없습니다.

Pamper yourself now and then.

가끔 기분을 내 보세요.

When you hear an ambulance, say a prayer.

앰뷸런스 소리를 들으면 기도해 주세요.

You might lose a lot of time hating people.

당신은 사람들을 증오하면서 많은 시간을 낭비하고 있을지도 모릅니다.

You never get what you didn't ask for.

요청하지 않는 것은 결코 손에 넣을 수 없습니다.

Stress is always with us.

스트레스는 항상 우리와 함께 존재합니다.

The sky is the same color wherever you go.

하늘은 어딜 가나 같은 색깔입니다.

Never be afraid to dare.

도전을 결코 두려워하지 마십시오

If you remembered everything, you would have no time to do new things.

당신이 많은 것을 기억하고 있다면 새로운 일을 해야 할 시간이 없습니다.

Learn to make good choices.

올바르게 선택하는 법을 배우세요.

Your money is not your life.

당신의 돈이 당신의 인생은 아닙니다.

Think big.

크게 생각하세요.

Never worry alone.

절대 혼자서 근심 걱정을 하지 마십시오.

If you are wrong, admit it quickly.

만일 당신이 잘못했다면 즉시 잘못을 인정하세요.

Birds of a feather flock together.

같은 부류의 사람끼리 모입니다.

Go on a retreat once a year.

일 년에 한 번씩은 휴가를 가십시오.

Do more than you thought possible.

할 수 있다고 생각하는 일들보다 더 많은 것을 실천하십시오.

Real healing occurs in a soul.

진짜 치유는 영혼에서 일어납니다.

Money doesn't guarantee everything.

돈이 모든 것을 보장해 주지는 않습니다.

The harder the battle, the sweeter the victory.

전쟁이 힘들면 힘들수록 승리는 더 달콤합니다.

A true friend is with you in the bad times and good times.

진짜 친구는 좋을 때나 나쁠 때나 항상 함께합니다.

Anxiety breeds anxiety.

근심 걱정은 근심 걱정을 불러옵니다.

Imagination is more important than knowledge.
상상력이 지식보다 더 중요합니다.

Answer the easy questions first.
쉬운 질문부터 대답해 나가십시오.

Remember to smile when you wake up.
아침에 일어나면 잊지 말고 미소부터 띠세요.

It is never too late to start over.
다시 시작하는 데 늦는 법은 결코 없습니다.

Believe that you are gifted for something.
당신도 무언가에 재능이 있다는 사실을 믿으세요.

Do not boast of a thing until it is done.
일이 해결될 때까지는 자랑하지 마십시오.

Hear the other side.
상대편의 말도 들어 보세요.

A soft answer turns away wrath.
부드러운 대답은 분노를 잠재웁니다.

Do what you love.

당신이 좋아하는 것을 하세요.

Laugh and be well.

웃으면 건강해집니다.

Hold your head up high.

머리를 들고 당당하세요.

Deal with all people honestly.

모든 사람들과 정직하게 거래하십시오.

Long is not forever.

길다고 해서 영원하지는 않습니다.

Control your thoughts.

당신의 생각을 통제하십시오.

Begin in time to finish without hurry.

여유 있게 시작하고 서두르지 말고 일을 마무리하십시오.

Wisdom is the fruit of experience.

지혜는 경험의 산물입니다.

Early to bed, early to rise makes people healthy, wealthy and wise.

일찍 자고 일찍 일어나는 습관은 사람들을 건강하고 현명하게 그리고 부자로 만듭니다.

Share happiness.

행복을 나누어 가지세요.

Spend time with clever people.

똑똑한 사람들과 시간을 보내십시오.

The beginning is the hardest.

시작이 가장 어렵습니다.

Use your time wisely.

당신의 시간을 현명하게 사용하십시오.

Rule your desires or it will rule you.

당신의 욕망을 다스리십시오. 그렇지 않으면 욕망이 당신을 다스립니다.

Retirement is a second chance to follow your dreams.

은퇴는 당신의 꿈을 이루기 위한 두 번째 기회입니다.

Mind your own business.

당신 자신의 일에 만전을 기하십시오.

Talents need exercise.
재능은 훈련을 필요로 합니다.

Every heart has a secret.
모든 사람에게는 비밀이 있습니다.

If you are happy here, you will be happy there.
만일 당신이 여기서 행복하다면 어느 곳에든지 행복합니다.

Make sure your time is valuable.
시간이 소중하다는 걸 명심하십시오.

Be aware of your faults.
잘못을 깨달으십시오.

Haste makes waste.
서두르면 망칩니다.

First come, first served.
선착순.

Tell others when you admire them.
존경하는 사람에게는 존경한다고 말하십시오.

Stick with your family.

가족과 가깝게 지내세요.

There always will be another opportunity.

기회는 항상 있습니다.

Walking can be a moving meditation.

산보는 위대한 명상이 될 수 있습니다.

The eyes tell how you feel.

눈은 당신의 기분을 말해 줍니다.

It is not selfish to love yourself.

당신 자신을 사랑하는 것은 이기적이지 않습니다.

Wisdom takes hard work to acquire.

지혜를 얻기 위해서는 많은 노력이 필요합니다.

Knowledge can take you further than anything else.

지식은 그 어떤 것보다 당신을 멀리 데려갈 수 있습니다.

First impression is not everything.

첫인상이 모든 것은 아닙니다.

Do not keep love secret.

사랑을 비밀로 하지는 마세요.

Heaven helps those who help themselves.

하늘은 스스로 돕는 자를 돕습니다.

The time to be happy is now.

행복해야 할 시간은 지금입니다.

In every victory, someone is hurt.

모든 승리에는 상처받은 자가 있습니다.

Speak and act after you think.

생각해 본 후 말하고 행동하십시오.

A good education will never decay.

좋은 교육은 결코 썩지 않는다.

Every day is a new day.

매일매일이 새로운 날입니다.

Truth should be said.

진실은 밝혀져야 합니다.

Smile, look at, and say hello to strangers.

미소 지으면서 바라보고 그리고 낯선 사람에게 안녕이라고 인사하세요.

You can't love without giving.

주는 것 없이는 사랑할 수 없습니다.

Listen to your parents.

부모님 말씀을 잘 들으십시오.

Falling in love is exciting.

사랑에 빠진다는 것은 흥미진진한 일입니다.

Remember special occasions.

특별한 날들을 기억하십시오.

You become older before you realize it.

사람은 늙어 가는 것을 깨닫지 못합니다.

Whining does not solve problems.

징징댄다고 문제가 해결되지는 않습니다.

You are not responsible for what others think of you.

남들이 당신에 대해서 어떻게 생각하든 그것은 당신 책임이 아닙니다.

If you command wisely, you are willingly obeyed.
현명하게 명령하면 기꺼이 복종합니다.

Defeat educates us.
패배는 우리들에게 많은 것을 가르쳐 줍니다.

A nickname lasts forever.
별명은 오래갑니다.

Once something is said, it is hard to take it back.
한 번 뱉은 말은 주워 담을 수 없습니다.

Without health, No one is rich.
건강이 없다면 부자라고 말할 수 없습니다.

Music is good whether you are happy or sad.
슬플 때나 기쁠 때나 음악은 좋습니다.

Money can't bring you youth.
돈이 당신에게 젊음을 가져다줄 순 없습니다.

Instead of opening your month, open your eyes.
입을 여는 대신 눈으로 말하십시오.

We learn by mistake.
누구나 실수하면서 배웁니다.

Each day, set aside some time for a little fun.
매일, 즐거움을 위해서 약간의 시간을 남겨 두세요.

Bad drivers should not have good cars.
나쁜 운전자는 좋은 차를 가져서는 안 됩니다.

Nothing on this earth last forever.
지구상의 어떤 것도 영원히 계속되지는 않습니다.

If you think about it too much, you will never do it.
너무 많이 생각하면 결코 그 일을 할 수 없습니다.

There is only one way to tell the truth.
진실을 말하는 데는 오직 한 가지 방법만이 존재합니다.

All ideas are possible.
모든 아이디어는 실현 가능합니다.

You are the captain of your soul.
당신이 당신 영혼의 주인입니다.

Don't follow the advice of a fool.

어리석은 자의 충고를 따르지 마세요.

Sometimes it feels like the world has forgotten me.

때때로 세상이 나를 잊은 것처럼 느껴질 때가 있습니다.

Take one at a time.

한 번에 한 가지씩 처리하세요.

Sometimes by going slower, you arrive faster.

때때로 천천히 가는 것이 더 빨리 도착합니다.

Be honest with yourself.

당신 자신에게 정직하십시오.

Hope for the best.

최상의 것을 소망하세요.

Use the library.

도서관을 이용하십시오.

Think a hopeful thought every day.

매일 희망적인 생각을 하세요.

Remind yourself to laugh and smile.

웃고 미소 짓는 것을 잊지 마세요.

Life goes in cycles between happiness and sadness.

행복과 슬픔이 교차되는 것이 인생입니다.

Once a crook, always a crook.

한번 사기꾼은 항상 사기꾼입니다

Fulfill your dreams.

당신의 꿈을 이루세요.

Small people never do big things.

소인배들은 큰일을 하지 못합니다.

Don't try to please everybody.

모든 사람들을 만족시키기 위해서 노력하지 마십시오.

What goes up must come down.

올라가는 것은 반드시 내려옵니다.

Learn from others' mistakes.

다른 사람의 실수를 통해서 배우십시오.

Think reasonably.

이성적으로 생각하십시오.

Do not forget lessons you have learned.

배운 것들을 잊지 않도록 하십시오.

Expect the unexpected.

기대되지 않는 일들을 기대하십시오.

If you want knowledge, you must work for it.

만일 지식을 원한다면 그것을 얻기 위해서 노력하지 않으면 안 됩니다.

Follow your heart.

양심의 소리에 귀를 기울이십시오.

Sleep when you are tired.

피곤할 때는 쉬세요.

What goes around, comes around.

모든 것은 오고 갑니다.

Love your job.

당신의 직업을 사랑하세요.

Be aware of borrowing.
함부로 빌리지 마십시오.

Play your cards right.
올바르게 처신하세요.

Forgive yourself.
당신 자신을 용서하세요.

Don't get upset by small things.
작은 일에 신경과민이 되지 마십시오.

Share your wisdom.
당신의 지혜를 공유하세요.

Aim high.
높은 이상을 가지십시오.

The best things come in a small package.
가장 좋은 것들은 작은 상자로 옵니다.

Remember to say "thank you".
"감사합니다"라는 말을 잊지 마세요.

Don't lecture someone after she apologizes.

사과한 사람을 꾸짖지 마세요.

Good words cost nothing.

좋은 말들을 하는 데 비용이 드는 것은 아닙니다.

In an orderly house, all things should be ready.

집 안이 잘 정돈되어 있으면 만반의 채비가 갖추어집니다.

Ignorance is bliss.

모르는 것이 약입니다.

Fearing death is a waste of time.

죽음을 두려워하는 것은 시간 낭비입니다.

Your thought affects your health.

당신의 사고가 당신의 건강에 영향을 미칩니다.

Enjoy patience.

인내를 즐기십시오.

Know yourself.

당신 자신을 아십시오.

It is never too late to learn.
배우는 데 결코 늦는 법은 없습니다.

Life is shorter than you think.
인생은 생각하는 것보다 더 짧습니다.

Everybody in love never hates the world.
사랑에 빠진 사람은 결코 세상을 증오하지 않습니다.

Don't cheat.
속이지 마십시오.

Reading good books makes you smarter.
좋은 책을 읽으면 더 영리해집니다.

Too much comfort weakens the mind and the body.
너무 편안한 것들은 몸과 정신을 약하게 합니다.

Your marriage is Okay if you can make up after argument.
다툰 후에 화해한다면 당신의 결혼 생활은 나쁘지 않습니다.

Take a walk every day.
매일 산보하십시오.

Remember your goals.

당신의 목표를 잊지 마세요.

Be humble and polite all the time.

항상 겸손하고 정중하십시오.

Worrying wastes a lot of time.

걱정 근심은 많은 시간을 낭비시킵니다.

Accept pain and disappointment as part of life.

고통과 실망을 인생의 한 부분으로 받아들이십시오.

Always be honest with yourself.

항상 당신 자신에게 정직하세요.

One man's trash is another man's treasure.

나에게는 쓰레기가 다른 사람에게는 보물이 될 수 있습니다.

Greatness cannot be faked.

위대함은 위조될 수 없습니다.

Save money.

저축하세요.

Act as if you are happy, then you will be happy.
만일 당신이 행복한 것처럼 행동하면 당신은 행복해질 것입니다.

The world is your stage.
온 세상이 당신의 무대입니다.

Look on the sunny side.
밝은 면을 바라보십시오.

Praise loudly, Blame softly.
칭찬은 큰 소리로, 나무람은 부드러운 소리로 하세요.

The more you have, the more you want.
많이 가지면 가질수록 더 많은 것을 원하게 됩니다.

Learn from the mistakes of others.
다른 사람들의 실수를 통해서 배우십시오.

Smile as much as you can.
미소는 많이 지을수록 좋습니다.

We must face what we fear.
우리가 두려워하는 것들을 정면으로 응시해야 합니다.

It is better to give than to receive.
받는 것보다는 주는 것이 더 좋습니다.

Know your situation well.
당신의 상황을 잘 판단하십시오.

Treat everyone you meet like you want to be treated.
당신이 만나는 사람들을 잘 대접하십시오. 당신이 대접받기를 바라는 것처럼.

Time resolves many problems.
시간은 많은 문제들을 해결합니다.

Make yourself necessary to somebody.
누군가에게 필요한 사람이 되십시오.

Busy people have more fun.
바쁜 사람들이 더 많은 즐거움을 갖습니다.

Use your heart when you make a big decision.
커다란 결정을 할 때는 양심과 의논하십시오.

Oversleeping never makes your dream come true.
늦잠을 자면 결코 꿈을 이룰 수 없습니다.

Don't talk about people behind their backs.
등 뒤에서 사람들을 평가하지 마십시오.

Inner beauty lasts longer than physical beauty.
외모가 주는 아름다움보다 내면의 아름다움이 더 오래갑니다.

A little leak will sink a big ship.
작은 구멍이 큰 배를 침몰시킵니다.

Knowledge is more valuable than money.
지식이 금전보다 훨씬 더 가치가 있습니다.

Everything has an end.
모든 일에는 끝이 있습니다.

Learn something new every day.
매일 새로운 것들을 배우십시오.

It is easier to blame than to praise.
칭찬하는 것보다는 비난하는 것이 더 쉽습니다.

A healthy person is a successful person.
건강한 사람이 진짜 성공한 사람입니다.

Say "Hello" to others.

사람들에게 인사하십시오.

A sense of humor reduces all worries.

유머가 모든 걱정을 줄입니다.

A good pearl is often hidden in a ugly shell.

아름다운 진주는 때때로 못생긴 조개 안에 있습니다.

If you accept a task, finish it.

임무를 수락했으면 끝내십시오.

Go with the Lord.

주 하나님과 함께 동행하십시오.

Necessity is the mother of invention.

필요는 발명의 어머니입니다.

Life is a great teacher.

인생은 위대한 스승입니다.

Learn how to think clearly.

분명하게 생각하는 법을 배우세요.

When you have made a mistake, admit it.

실수를 했다면, 그 실수를 인정하세요.

Enjoy the struggle.

어려운 시간들을 즐기십시오.

Laugh at your mistakes.

당신의 실수에 관대하세요.

Making a good friend is an art.

좋은 친구를 만드는 것도 예술입니다.

Don't hide when you fail.

실패했을 때 숨지 마세요.

Call a friend today.

오늘 친구에게 안부를 전하세요.

Plan to have fun.

즐거움을 갖기 위한 계획을 짜세요.

Every day begins with the unknown.

하루는 알려지지 않은 것과 함께 시작합니다.

A good education opens many doors.

좋은 교육은 많은 기회를 가져옵니다.

Excuses keep you away from achieving your goals.

변명은 목적을 달성하는 것으로부터 멀어지게 합니다.

Knowledge is received, Wisdom is gained.

지식은 전달받지만 지혜는 노력해서 획득해야 합니다.

It is all right to love someone more than you are loved.

사랑받는 것보다 누군가를 더 많이 사랑하는 것은 좋은 일입니다.

When you can't catch the fish, never blame the ocean.

생선을 잡을 수 없다고 해서 바다를 나무라지는 마세요.

In order to receive, you must give first.

받기 위해서는 먼저 주지 않으면 안 됩니다.

Nobody can take your dreams.

아무도 당신의 꿈을 뺏을 수 없습니다.

Time heals many things.

시간은 많은 것을 치유합니다.

Have patience with yourself.

인내심을 가지세요.

Share your sorrow with a friend.

당신의 슬픔을 친구들과 나누세요.

Have faith in your work.

당신이 하는 일에 신념을 가지세요.

Try not to nag.

잔소리하지 않도록 노력하세요.

Laugh at work.

직장에서는 웃으세요.

Doing is different from saying.

행동하는 것과 말하는 것은 다릅니다.

Families can't be picked up.

가족은 고르는 것이 아닙니다.

Don't believe everything you hear or read.

당신이 들은 것이나 읽은 것들을 모두 믿지는 마세요.

Count your blessings.
받은 축복을 세어 보세요.

Simple things are beautiful.
단순한 것들이 아름답습니다.

Imagine your success.
당신의 성공을 상상해 보세요.

Be happy when other people succeed.
다른 사람들이 성공할 때 기뻐하세요.

If opportunity knocks, let her in.
기회가 찾아오거든 활용하세요.

Don't eat your pies before they are made.
김칫국부터 마시지 마세요.

A rolling stone gathers no moss.
구르는 돌은 이끼가 끼지 않습니다.

Hasty climbers have sudden falls.
급히 오르는 사람이 갑자기 떨어집니다.

Forgive like you want to be forgiven.

용서받고 싶다면 용서하십시오.

Marriage can be an art.

결혼 생활은 예술이 될 수 있습니다.

Good examples are easy to follow.

좋은 표본은 따르기 쉽습니다.

Your dreams are more valuable than money.

당신의 꿈은 돈보다 귀중합니다.

Heroes just go further than ordinary people.

영웅은 보통 사람들보다 조금 더 멀리 간 사람들입니다.

You can bring a horse to water, but you can't make him drink.

말을 물가로 데리고 갈 수는 있지만 물을 마시게 할 수는 없습니다.

Haste makes waste.

서두르면 망칩니다.

Remain calm sometimes.

가끔은 침묵을 지키세요.

Great friendship lasts until the grave.
위대한 우정은 무덤까지 갑니다.

The world looks different at night.
밤에는 세상이 달라 보입니다.

The quieter you become, the more you can hear.
침묵을 지키면 지킬수록 더 많은 것을 들을 수 있습니다.

Kindness is the sunshine of social life.
친절은 사회생활에서 햇볕과 같습니다.

A journey of a thousand miles must begin with a single step.
수천 마일의 여행도 한 걸음부터 시작됩니다.

You can't make someone love you.
누군가를 강제로 당신을 사랑하게 할 수는 없습니다.

Patience cures everything.
인내는 모든 것을 치유합니다.

The first to say "I am sorry" is the winner.
미안하다고 먼저 말하는 사람이 승자입니다.

Plan big.

계획을 크게 세우십시오.

When we honestly admit our wrongs, we find humility.

잘못을 솔직하게 인정할 때 겸손할 수 있습니다.

Laziness doesn't breed success.

게으르면 성공할 수 없습니다.

Be modest.

겸손하세요.

Concentrate on the present.

현재의 일에 집중하세요.

No one is skilled in everything.

모든 일에 능숙한 사람은 없습니다.

A man is known by the promises he keeps.

사람은 그가 지키는 약속에 의해서 알 수 있습니다.

Welcome change.

변화를 환영하십시오.

What pains us trains us.
고통이 우리들을 훈련시킵니다.

Learn from the world.
세상으로부터 배우십시오.

Review your life regularly.
정기적으로 당신의 인생을 돌아보세요.

There is always something to celebrate.
기뻐해야 할 일은 항상 있습니다.

Cherish your old friends.
당신의 옛 친구들을 소중하게 여기십시오.

Ask for a third opinion.
세 번째 의견을 들어 보세요.

Every day is a new beginning.
하루하루가 새로운 시작입니다.

Never carry on negative thoughts.
결코 부정적인 생각을 계속하지 마십시오.

Discover your skills.
당신의 재능을 발견하십시오.

Never underestimate the power of love.
사랑의 힘을 결코 과소평가하지 마세요.

Life is all about the unknown.
인생은 미지의 것으로 가득 차 있습니다.

Don't hide when you fail.
실패했을 때 숨지 마세요.

Read every day.
매일 독서하십시오.

Trust yourself.
당신 자신을 믿으세요.

The man who helps another up climbs highest.
다른 사람이 올라가도록 돕는 사람이 가장 높이 오릅니다.

Everyone has weakness to overcome.
누구나 극복해야 할 약점이 있습니다.

Energy creates energy.

에너지가 에너지를 창조합니다.

Respect the opinions of the old.

노인들의 의견을 존중하십시오.

Make money honestly.

정직하게 돈을 버세요.

Read more books.

더 많은 책들을 읽으십시오.

Make actions, not saying.

말은 그만하고 행동하십시오.

Only Jesus sets you free.

예수님만이 당신을 자유롭게 합니다.

The pen is mightier than the sword.

펜은 검보다 강합니다.

Remember your promises.

당신의 약속들을 기억하십시오.

You must love in order to be loved.
사랑해야 사랑받을 수 있습니다.

Pray, it works.
기도하십시오. 응답받습니다.

Love is greater than money.
사랑은 돈보다 위대합니다.

Never play with fire.
불장난은 절대 하지 마십시오.

Beauty is only skin deep.
아름다움은 그저 피부 깊이에 지나지 않습니다.

Some people never learn.
어떤 사람들은 결코 배우지 않습니다.

Don't be discouraged by your mistake.
실수했다고 기죽지 마세요.

Diligence brings delight.
근면은 기쁨을 가져옵니다.

Keep looking ahead.
미래를 바라보십시오.

Fear less hope more.
걱정은 조금 하고 희망은 많이 가지세요.

Study hard.
열심히 공부하십시오.

Having money doesn't mean you are happy.
돈이 있다고 해서 행복한 것은 아닙니다.

There are flowers everywhere for those who want to see them.
꽃을 보기를 원하는 사람들에게 꽃은 어디든지 있습니다.

Every place is under the stars. Every place is the center of the world.
모든 장소는 별들 아래에 있고, 모든 장소는 세상의 중심입니다.

Remember that God created the whole world.
하나님이 온 세상을 창조하셨다는 것을 기억하십시오.

Pie makes everybody happy.
음식은 모두를 행복하게 합니다.

Learn to unlearn.
배우지 않은 것을 배우십시오.

Love your job.
당신의 일을 사랑하십시오.

Forgive and forget.
용서하고 잊으세요.

The tough time never lasts.
힘든 시간은 결코 계속되지 않습니다.

Fill your life with love.
당신의 삶을 사랑으로 채우세요.

Your time will come.
당신의 때는 올 것입니다.

Use your time wisely.
시간을 현명하게 사용하십시오.

Time is a great healer.
시간은 위대한 치료사입니다.

Dream boldly.

담대한 꿈을 가지세요.

As long as you live, you still hope.

살아 있는 한 희망은 있습니다.

Honesty pays.

정직하면 보답받습니다.

Give Praise to the Lord!

하나님을 찬양하십시오.

After you reached your goal, tell your story to others.

꿈을 이룬 후에는 당신의 성공담을 이야기해 주세요.

Integrity brings you success.

근면 성실은 당신에게 성공을 가져옵니다.

A few words can mean more than a whole book.

몇 마디 말이 한 권의 책보다 더 많은 것을 의미할 수 있습니다.

Art is long, Life is short.

예술은 길고 인생은 짧습니다.

When you get caught in a lie, they don't believe that this is your first lie.

거짓말하다가 들키면 사람들은 이것이 당신의 첫 번째 거짓말이라고는 믿지 않습니다.

Marriage is about communication.

결혼 생활은 의사소통입니다.

You are born to succeed.

당신은 성공하기 위해서 태어난 사람입니다.

There is no rose without a thorn.

가시 없는 장미는 없습니다.

Love affects all ages.

사랑은 모든 나이에 영향을 미칩니다.

Solving problems keep you young.

어려움을 극복하는 것이 젊어지는 비결입니다.

Spread happiness.

행복을 퍼뜨리세요.

Patience is bitter, but its fruit is sweet.
인내는 쓰나 그 열매는 달콤합니다.

You will feel good by helping others.
남을 도우면 기분이 좋아집니다.

Eat less and live longer.
적게 먹으면 오래 삽니다.

Honor your mother and your father.
당신의 부모님을 존경하십시오.

Never forget the debt you owe to people.
사람들에게 진 빚을 결코 잊지 마세요.

Be happy for successful friends.
친구가 성공하면 기뻐해 주세요.

Great achievements are always possible.
위대한 업적은 항상 가능합니다.

You get what you give.
주는 대로 받습니다.

Don't rejoice when your enemy falls.

원수가 잘못되었을 때 기뻐하지 마십시오.

Avoid negative people, place and thoughts.

부정적인 사람들, 부정적인 장소, 부정적인 생각들은 피하세요.

It is better to have a little than to want a lot.

많은 것을 원하기보다는 조금 소유하는 것이 더 좋습니다.

Where there is a life, there is a hope.

생명이 있는 한 희망이 있습니다.

Flowers feed the soul.

꽃들은 영혼을 살찌게 합니다.

God knows what you are doing now.

하나님은 지금 당신이 하고 있는 일을 알고 계십니다.

Slow down your responses.

천천히 응답하세요.

Patience wins all the time.

인내가 항상 이깁니다.

Words can be art.

언어는 예술이 될 수 있습니다.

Keep your soul young.

당신의 영혼을 젊게 유지하세요.

Act young when you are young.

젊을 때는 젊게 행동하십시오.

Pay what you owe.

빚을 청산하세요.

You can do anything if you have passion.

열정이 있다면 당신은 무엇이든지 할 수 있습니다.

You are here now.

당신이 있는 곳을 확인하세요.

Read the Bilbe, you will be wise.

성경을 읽으면 현명해집니다.

Freedom is not free.

자유는 공짜가 아닙니다.

Laugh with, but never laugh at.
함께 웃으십시오. 그러나 조롱하지는 마세요.

The truth is in you.
진실은 당신 안에 있습니다.

Action is louder than words.
행동은 말보다 강합니다.

Feed your mind as well as your body.
몸뿐만 아니라 당신의 마음에도 영양분을 공급하세요.

Learn by doing.
실행하면서 배우십시오.

Say "No" politely and quickly when you have to say it.
"노"라고 말해야 할 때는 신속하고 정중하게 말하세요.

Everybody needs a co-pilot.
누구나 동반자를 필요로 합니다.

As you think, so you become.
뜻이 있으면 이루어집니다.

Care enough to listen.
듣는 일에 더 많이 신경 쓰세요.

We can't argue with the success.
성공을 왈가왈부할 수는 없습니다.

The world smiles at you when you smile.
당신이 미소 지으면 온 세계가 미소로 화답합니다.

Sing and dance like nobody is watching you.
노래 부르고 춤추세요. 아무도 당신을 보고 있지 않는 것처럼.

Finish what you started.
시작한 것은 끝내십시오.

Be on time.
시간 약속을 잘 지키세요.

Talk quietly.
점잖게 이야기하십시오.

Do your best at any moment.
어느 순간에나 최선을 다하세요.

God can change your life.
하나님은 당신의 인생을 바꿀 수 있습니다.

Get the facts.
사실을 손에 넣으십시오.

Some people never learn.
어떤 사람들은 결코 배우려고 하지 않습니다

Seek out the good in people.
남들에게서 좋은 점을 찾으십시오.

Don't trust anyone who doesn't laugh.
웃지 않는 사람은 믿지 마세요.

Get out of debt.
빚을 청산하십시오.

The sun is always shining some place.
태양은 항상 어딘가를 비추고 있습니다.

Do the right thing.
옳은 일들을 하십시오.

Do more, talk less.

행동은 많이, 말은 적게 하세요.

A man's character is his fate.

사람의 성격이 운명을 결정짓습니다.

Honesty is the best policy.

정직이 최선의 정책입니다.

Enjoy life's pleasures.

삶을 즐기십시오.

Admit your mistakes.

실수를 인정하십시오.

The more you know, the less you fear.

많이 알면 알수록 두려움은 줄어듭니다.

Never argue with a crazy person.

미친 사람과는 절대 논쟁하지 마세요.

Get out of the house everyday.

매일 외출하십시오.

Gentle thoughts make gentlemen.

온순한 생각이 신사를 만듭니다.

If you try to sit on two chairs, you will sit on the floor.

만일 두 개의 의자에 앉기를 원한다면 마루 위에 앉게 됩니다.

Education is never a waste of time.

교육은 결코 시간 낭비가 아닙니다.

Remember your duty.

당신의 의무를 기억하십시오.

There is more room outside than inside.

밖에서 더 많은 기회를 찾을 수 있습니다.

Angry thoughts makes angry people.

화를 품고 있으면 화난 사람이 됩니다.

Time is money.

시간은 돈입니다.

You can't tell a book by its cover.

책 표지를 보고 책 내용을 판단할 수는 없습니다.

Better give a penny than to lend twenty.

20달러를 빌려주는 것보다는 1페니를 주는 게 더 좋습니다.

Better go to bed hungry than to wake up in debt.

배고픈 채로 잠드는 것이 아침에 빚진 상태보다 더 낫습니다.

If you want your dream to come true, don't sleep.

만일 당신의 꿈이 이루어지길 원한다면 게으르지 마십시오.

Be happy.

행복하세요.

Be glad.

기뻐하세요.

Be thankful.

감사하십시오.

All things are possible.

불가능은 없습니다.

Become a thoughtful person.

사려 깊은 사람이 되세요.

Money was made to be shared.

기부하세요.

Donate blood.

헌혈하십시오.

Wisdom never ages.

지혜는 결코 늙어 가지 않습니다.

When you are angry, take a fifteen minute walk.

화가 나면 15분 걸으세요.

Speak gently.

부드럽게 말하세요.

Any life is valuable.

어떤 삶도 가치가 있습니다.

Everybody has the right to be happy.

누구든지 행복할 권리가 있습니다.

Cherish your old friends.

당신의 옛 친구들을 소중하게 생각하십시오.

There are no free lunches.
세상에 공짜는 없습니다.

You can always hope.
당신은 항상 희망을 가질 수 있습니다.

If you want to catch fish, you can't mind getting wet.
물고기를 잡고 싶거든 젖는 것을 두려워하지 마세요.

No man is above the law.
법은 만인에게 평등합니다.

To act is easy, but to understand is hard.
행동하는 것은 쉬우나 이해하는 것은 어렵습니다.

Hoping is free.
희망을 갖는다는 것은 무료입니다.

The less we know, the more we suspect.
적게 알수록 더 많이 의심합니다.

Be the first to forgive.
먼저 용서하십시오.

The Lord created the whold world.
하나님이 세상을 창조하셨습니다.

The last chicken is the hardest to catch.
마지막 닭을 잡는 것이 가장 힘듭니다.

Think yourself happy.
당신 자신을 행복하다고 생각하세요.

Love the one you are with.
당신과 함께 있는 사람을 사랑하십시오.

Try really hard.
정말로 열심히 시도해 보세요.

You will never know until you try.
시도하기 전까지는 결코 알 수 없습니다.

Time is gold.
시간은 금입니다.

Step by step goes a long way.
한 걸음 한 걸음이 천 리 길도 갑니다.

Return all phone calls.

받은 전화는 모두 응답해 주세요.

Make sure your dreams help you.

당신의 꿈이 당신을 돕는다는 것을 확신하십시오.

Life cannot repeat itself.

인생은 반복되지 않습니다.

Change your toothbrush every three months.

3개월마다 칫솔을 바꾸세요.

Words can be art.

언어는 예술이 될 수 있습니다.

Thank someone each day.

누군가에게 매일 감사하십시오.

Happiness is up to you.

행복은 당신에게 달려 있습니다.

Love has no ceiling.

사랑은 천장을 가지고 있지 않습니다.

No kissing on the first date.

첫 번째 데이트에서는 키스하지 마세요.

Fall seven times, stand up eight.

일곱 번 넘어져도 여덟 번째는 일어섭니다.

Heroes die too.

영웅도 죽습니다.

Know when to be quiet.

침묵을 지킬 때를 아십시오.

A sleeping cat never catches a mouse.

잠자는 고양이는 결코 쥐를 잡지 못합니다.

Hope gives people strength.

희망은 사람들에게 힘을 줍니다.

The first step is the hardest.

첫 번째 걸음이 가장 어렵습니다.

Quality is more important than quantity.

질이 양보다 더 중요합니다.

Laughing makes you live longer.
웃음이 당신을 더 오래 살게 합니다.

All the adventures are never risk free.
모든 도전에는 위험부담이 따릅니다.

What we think is who we are.
우리가 생각하고 있는 것이 바로 우리 자신입니다.

A gift with a kind word is a double gift.
친절한 말과 함께하는 선물은 두 배의 가치가 있습니다.

Without the past, there is no future.
과거 없이 미래는 존재하지 않습니다.

It takes courage to attempt new things.
새로운 일들을 시도하기 위해서는 용기가 필요합니다.

There is power in prayers, and the result is wonderful.
기도에는 능력이 있고, 결과는 놀랍습니다.

A fool can be popular.
바보도 인기가 좋을 수 있습니다.

Ignore the negative thoughts. Your dreams are achievable.

부정적인 생각은 무시하세요. 당신의 꿈은 이루어집니다.

Laughter does not spoil the skin.

웃음은 피부를 손상시키지 않습니다.

One lie leads to another.

거짓말은 또다른 거짓말을 낳습니다.

Enjoy the earth.

행복한 삶을 누리세요.

Be comfortable with not knowing.

알려지지 않는 것들에 대해 편안한 마음을 가지십시오.

It is always the darkest before dawn.

새벽이 오기 전이 항상 가장 어둡습니다.

You can.

당신은 할 수 있습니다.

Smell the roses.

장미꽃 냄새를 맡아 보세요.

There is a key for every lock.
모든 자물쇠에는 열쇠가 있습니다.

Love many, hate few.
많은 것들을 사랑하고 증오는 조금만 하세요.

Life is only boring to boring people.
삶은 따분한 사람들에게만 따분합니다.

Knowledge frees a person.
지식은 사람을 자유롭게 합니다.

Love your job.
당신의 직업을 사랑하세요.

Great teachers open up the world to the students.
훌륭한 선생님은 학생들에게 세상을 보여 줍니다.

Simplify your eating habits.
복잡하게 먹지 마세요.

All that glitters is not gold.
반짝이는 것이라고 모두 금은 아닙니다.

A pig is beautiful to another pig.
돼지도 다른 돼지에게는 아름답습니다.

Crises are the chances.
위기가 기회입니다.

A dog never barks while it chews prey.
개는 먹는 동안 결코 짖지 않습니다.

If only one knows it, it is secret. If two know it, it is public.
한 사람이 알고 있을 때는 비밀이지만 두 사람이 알고 있으면 더 이상 비밀이 아닙니다.

Every professional was first amateur.
모든 전문가도 처음엔 아마추어였습니다.

Don't be afraid to work hard.
열심히 일하는 것을 두려워하지 마십시오.

It takes a thief to catch a thief.
도둑을 잡기 위해선 도둑이 필요합니다.

Read for ideas.
아이디어에 관한 책들을 읽으세요.

A man may be known by his friends.

친구를 보면 그 사람을 알 수 있습니다.

Art is long, life is short.

예술은 길고 인생은 짧습니다.

Chin up.

힘내세요.

The best teachers make the best students.

좋은 선생님이 좋은 학생들을 만듭니다.

Watch, listen and understand.

보고 듣고 그리고 이해하십시오.

You can't buy friendship.

돈으로 우정을 살 수는 없습니다.

Remember the nice things that happened to you.

당신에게 일어났던 좋은 일들을 기억하십시오.

Time is money.

시간은 돈입니다.

Apologize in person.
직접 만나서 사과하십시오.

Dig deeply.
한 우물을 파십시오.

Happiness is more important than riches.
행복은 물질보다 더 중요합니다.

Many things are easy to learn, but hard to master.
많은 것들을 배우기는 쉽지만 숙달하기는 어렵습니다.

Remember somebody's birthday.
누군가의 생일을 기억하십시오.

Age is no excuse for foolishness.
어리석음에 대해서는 나이가 변명이 될 수 없습니다.

Life is stranger than fiction.
인생은 소설보다 더 기묘합니다.

Don't burn the bridge behind you.
당신이 건너온 다리를 불태우지 마세요.

A happy heart makes the face cheerful.

마음이 행복하면 얼굴이 밝습니다.

Timing is everything.

타이밍이 모든 것입니다.

Invention breeds invention.

발명이 발명을 낳습니다.

Utilize what you have.

당신이 가지고 있는 것들을 잘 활용하세요.

Two heads are better than one.

두 사람의 생각이 한 사람보다 더 현명합니다.

You can fly if you believe so.

날 수 있다고 믿으면 날 수 있습니다.

A friend to all is a friend to none.

모든 사람들에게 친구는 아무의 친구도 아닙니다.

Learn to speak before you sing.

노래하기 전에 말하는 것을 배우세요.

Love is not what you say, love is what you do.
사랑은 말이 아니라 행동입니다.

What you say is who you are.
당신이 하는 말이 바로 당신입니다.

Pain makes you stronger.
고통은 당신을 더 강하게 합니다.

The first duty of love is to listen.
사랑의 첫 번째 의무는 들어주는 것입니다.

Faith without deeds is useless.
행동 없는 믿음은 아무짝에도 쓸모없습니다.

We never know the worth of water until the well is dry.
우물이 마를 때까지는 물의 가치를 결코 모릅니다.

Faithfulness makes all things possible.
성실함은 모든 것을 가능하게 합니다.

Weak things united become strong.
약한 것도 합쳐지면 강해집니다.

Grow with friends.

친구들과 함께 성장하십시오.

We can give advice, but we can't give conduct.

충고는 줄 수 있으나 행동은 대신해 줄 수 없습니다.

Envy and wrath shorten life.

질투와 분노는 생명을 단축시킵니다.

One old friend is better than two new friends.

옛 친구 한 명이 새 친구 두 명보다 좋습니다.

He who makes others happy is truly happy.

다른 사람을 행복하게 하는 사람이 진짜 행복한 사람입니다.

A bad carpenter always blames his tools.

서투른 목수가 연장만 나무랍니다.

You build the dream first, the dream will build you up.

먼저 꿈을 키우세요. 그 꿈이 당신을 키워 갈 것입니다.

One picture expresses more than a thousand words.

그림 한 장이 수천 마디 말보다 더 많은 것을 표현합니다.

Big goals get big results.
큰 목표가 큰 결과를 가져옵니다.

Shout out, one more time.
크게 외치세요, 한 번 더.

Everything depends on only your mind.
모든 것은 마음먹기에 달려 있습니다.

Reading a good book is like taking a journey.
좋은 책을 읽는 것은 여행을 하는 것과 같습니다.

Slow down.
서두르지 마세요.

The real effort never betrays you.
진실한 노력은 결코 당신을 배반하지 않습니다.

No mistake, no achievements.
실수가 없으면 성취도 없습니다.

What you wear is who you are.
입고 있는 옷을 보면 사람을 알 수 있습니다.

Do not be deceived by flattery.

칭찬(아첨)에 속지 마십시오.

Singing is good for your soul.

노래는 당신의 영혼에 좋습니다.

Truth does not blush.

진실은 얼굴을 붉히지 않습니다.

If you think you can, you can.

만일 당신이 할 수 있다고 생각하면 당신은 할 수 있습니다.

A good laugh and a long sleep are the best cures.

웃음과 충분한 잠이 가장 좋은 명약입니다.

Good parents make mistakes too.

훌륭한 부모님도 실수를 합니다.

True knowledge comes from experience.

진짜 지식은 경험에서 옵니다.

Every cloud is not a sign of a storm.

모든 구름이 폭풍을 의미하는 것은 아닙니다.

Heroes take risk.

영웅은 위험을 감수합니다.

Your best friend is yourself.

당신의 가장 좋은 친구는 당신 자신입니다.

Go for it.

목적을 향해 전진하십시오.

Never forget a kindness.

항상 친절하세요.

Be friends with your family.

가족들과 잘 지내세요.

Where there is smoke, there is fire.

아니 땐 굴뚝에 연기 나랴.

Tomorrow is a new day.

내일은 새로운 날입니다.

Speak plain and simple words.

분명하고 단순한 언어를 사용하세요.

You can have success and happiness at the same time.

당신은 성공과 행복을 동시에 가질 수 있습니다.

Nothing seek, nothing find.

구하지 않으면 얻는 것도 없습니다.

No sweat, no sweet.

땀 없이는 달콤함도 없습니다.

A bold attempt is half success.

과감한 시도는 절반의 성공입니다.

Think of the end before you begin.

시작하기 전 끝도 생각해 보세요.

Raise your head.

당당하세요.

Adversity is a great teacher.

역경은 훌륭한 선생님입니다.

The cat in the glove catches no mice.

장갑 안에 든 고양이는 쥐를 잡지 못합니다.

God has a sense of humor.

하나님도 유머를 가지고 계십니다.

Do it well. You may not get the second chance.

잘하십시오. 두 번째 기회는 없을지도 모릅니다.

Try hard not to make the same mistake twice.

같은 실수를 두 번 하지 않도록 노력하세요.

The wise learn from history.

현명한 사람들은 역사로부터 배웁니다.

Don't speak ill of yourself. Others will do it for you.

자신에 대해서 나쁜 말을 하지 마십시오. 다른 사람들도 그렇게 말할 것입니다.

Trust your own judgment.

당신 자신의 판단을 믿으십시오.

Read, study and learn about everything important in your life.

당신의 삶에 중요한 모든 것들을 읽고 공부하고 배우세요.

He who hates is lost.

증오심을 가진 자는 실패합니다.

Successful people learn how to use patience.
성공한 사람들은 인내하는 법을 배웁니다.

Talk quietly.
조용하게 말하세요.

Don't say, I can. But say I will.
'할 수 있다'라고 말하지 말고, '할 것이다'라고 말하세요.

Education sets you free.
교육이 당신을 자유롭게 할 것입니다.

Enjoy what you can.
당신이 할 수 있는 것들을 즐기세요.

Work your mind and body together.
마음과 육체를 함께 훈련하세요.

Do not speak ill of the dead.
죽은 자의 험담은 하지 마십시오.

The best thoughts often come in the morning after waking.
가장 좋은 생각은 가끔 아침에 눈뜬 직후 떠오릅니다.

Speak clearly with grace.
우아하고 분명하게 말하십시오.

Clothes do not make the man.
의복이 신사를 만들지는 못합니다.

Use your twenty four hours a day.
하루를 충실하게 잘 보내세요.

The best way to stay healthy is to eat properly and exercise.
건강을 위한 최선의 방법은 적당하게 먹고 운동하는 것입니다.

Do the day's work.
오늘의 일은 오늘 끝내세요.

Get to know your neighbors.
딩신의 이웃들과 사이좋게 지내십시오.

Energize yourself.
당신 자신에게 활력을 불어넣으십시오.

The truth often hurts.
진실은 종종 고통을 줍니다.

Spend time with clever people.

영리한 사람들과 함께 시간을 보내세요.

Nature is a great inspiration.

자연은 위대한 영감을 줍니다.

Avoid people who deliberately hurt you.

일부러 당신을 괴롭히는 사람은 피하세요.

Give clothes you don't wear to charity.

입지 않는 옷들은 자선기관에 주십시오.

Judge a person by his deed not by his words.

사람을 판단할 때는 그 사람의 말이 아닌 행동을 보고 판단하십시오.

Remember your past achievements.

당신이 과거에 성취했던 일들을 기억하세요.

A small garden is just as beautiful as a large one.

작은 정원도 큰 정원만큼 아름답습니다.

Say something useful everyday to encourage your children.

당신의 자녀들을 격려하기 위해서 매일 유용한 말들을 해 주세요.

Obey the speed limit.
교통법규를 잘 지키세요.

Patience is the best remedy for every trouble.
인내는 모든 어려움에 최고의 해결책입니다.

The true value of life cannot be measured in dollars.
인생의 진실한 가치는 돈으로 환산될 수 없습니다.

There is no garden without weeds.
잡초 없는 정원은 존재하지 않습니다.

Learn from life's low moment.
인생의 힘든 순간으로부터 배우세요.

Cope with illness.
질병들을 극복해 나가세요.

Do not give away too many of your secrets.
당신의 비밀들을 너무 많이 떠벌리지 마십시오.

Great vacations are usually too short.
좋은 휴가는 항상 너무 짧습니다.

Money is not everything.
돈이 모든 것은 아닙니다.

Together is beautiful.
함께하면 아름답습니다.

Take a moment to meditate.
명상하기 위해서 잠시 시간을 내세요.

Miracles multiply with sharing.
기적은 나눌수록 커집니다.

A bad marriage is worse than no marriage.
실패한 결혼은 결혼하지 않는 것보다 더 나쁩니다.

Better to be happy than wise.
현명하기보다는 행복한 것이 더 좋습니다.

Truth is truth, no matter what others may think.
사람들이 어떻게 생각하든 진실은 진실입니다.

Use your head and heart together.
머리와 가슴을 함께 사용하세요.

Laughter breaks up seriousness.
웃음은 심각함을 깨뜨립니다.

Keep your words, even to your enemy.
약속을 지키십시오, 적에게라도.

The respect is not given away. It is earned.
존경심은 저절로 주어지는 것이 아닌 노력의 산물입니다.

Ask and you shall receive.
구하라, 그러면 얻을 것입니다.

Truth doesn't blush.
진실은 얼굴을 붉히지 않습니다.

Any pain doesn't last forever.
어떤 고통도 영원히 계속되지는 않습니다

You can run, but you can not hide.
당신은 도망갈 수 있습니다. 그러나 숨을 수는 없습니다.

The place to be happy is here.
당신이 있는 자리에서 행복하세요.

Be slow to judge others.

다른 사람들을 판단하는 일은 천천히 하십시오.

Never lie, cheat and steal.

결코 거짓말하지 말고, 속이지 말고, 훔치지 마세요.

A forgiving person has many friends.

용서하는 사람이 많은 친구를 갖습니다.

One is innocent until proven guilty.

유죄가 확정될 때까지 모든 사람은 무죄입니다.

What we learn early, we remember late.

일찍 배운 것은 늦게까지 기억합니다.

Listen to experience.

경험담을 들으세요.

Don't delay what your heart says.

당신의 양심이 말하는 것을 늦추지 마십시오.

Don't compare your present lover with your past ones.

당신의 현재 애인을 지나간 애인들과 비교하지 마세요.

Your time will come.

당신의 전성기는 올 것입니다.

Things can always get better.

상황은 항상 더 좋아질 수 있습니다.

Life goes on even if you are sick.

비록 당신이 아프다 할지라도 삶은 계속됩니다.

What is done is done.

지나간 일은 지나간 일입니다.

Don't spend your time waiting.

기다리는 데에 당신의 시간을 낭비하지 마십시오.

After three days, Fish and guest stink.

삼 일이 지나면 생선과 손님은 냄새가 납니다.

Don't argue with someone who is right.

옳은 사람과는 논쟁하지 마십시오.

Exercise your mind.

마음을 훈련시키세요.

A day lost is never found.

지나간 날들은 결코 돌아오지 않습니다.

Power tends to want more power always.

권력은 항상 더 많은 권력을 원하는 경향이 있습니다.

The customer is always right.

손님은 왕입니다.

In order to learn, we must pay attention.

배우기 위해서는 집중하지 않으면 안 됩니다.

Thank your children's teachers.

당신 자녀의 선생님들께 감사를 표하십시오.

It doesn't matter how old you are.

나이가 중요한 것은 아닙니다.

Once you have a dream, your life will be different.

일단 꿈을 가지면 당신의 인생은 달라집니다.

The best teachers make the best students.

훌륭한 선생님이 훌륭한 제자를 만듭니다.

Even a great reputation can be destroyed by a small mistake.

위대한 명성도 작은 실수에 의해서 파괴될 수 있습니다.

Face your fears with confidence.

자신감을 가지고 공포와 직면하십시오.

Never hate the truth.

결코 진실을 증오하지 마세요.

Everybody thinks differently.

모든 사람은 생각이 다 다릅니다.

If there is a life, there is hope.

살아 있는 한 희망이 있습니다.

Together is strong.

함께하면 강합니다.

Barking dogs seldom bite.

짖는 개들은 좀처럼 물지 않습니다.

Doing the right thing is often painful.

옳은 일을 하는 것은 종종 고통스럽습니다.

Telling the truth is a brave act.
진실을 말한다는 것은 용감한 행동입니다.

Never deprive someone's hope.
다른 사람의 희망을 절대 강탈하지 마세요.

When you are angry, count to 100.
화가 나면 100까지 세십시오.

Good people can do bad things.
좋은 사람들도 나쁜 일을 합니다.

Learning keeps people young.
배움은 사람들을 젊게 합니다.

Great things are accomplished with passion.
위대한 일은 열정으로 이루어집니다.

Don't bring up old wounds.
오래된 상처는 끄집어내지 마십시오.

A great listener is popular everywhere.
말을 잘 들어주는 사람은 어디서나 인기가 있습니다.

Be a thinking man.

생각하는 사람이 되십시오.

Get organized.

정리 정돈을 잘하십시오.

Confirm all appointments.

모든 예약들을 다시 확인하십시오.

Talk to your plants and animals.

당신이 기르는 식물 그리고 동물들과 대화하십시오.

A stumble may prevent a fall.

비틀거림이 넘어지는 것을 예방할 수도 있습니다.

Bad beginnings can turn into good endings.

나쁜 시작이 좋은 결과를 가져올 수도 있습니다.

There is good and bad in everything.

모든 것에는 좋은 점과 나쁜 점이 함께 존재합니다.

Know your limitations.

당신의 한계점을 아십시오.

Be good and you will be happy.

선하게 사십시오. 그러면 행복할 것입니다.

Health and happiness usually go together.

건강과 행복은 보통 함께 갑니다.

Practice increases knowledge.

훈련은 지식을 증가시킵니다.

Finish the project before they are due.

계획한 일들은 약속 날짜 이전에 끝내세요.

There is no harm in asking.

서슴지 말고 물어보세요.

Time flies like an arrow.

시간은 화살처럼 지나갑니다.

Respect your family.

당신의 가족을 존중하세요.

Do in Rome as the Romans do.

로마에서는 로마 사람처럼 행동하십시오.

Respect other people's choices.
다른 사람들의 선택을 존중해 주세요.

When time is wasted, life is wasted.
시간이 낭비될 때 인생도 낭비됩니다.

If you try to kill time, it will eventually kill you.
만일 시간을 때우려고 애쓰면 결국은 그것이 당신을 죽일 것입니다.

Understand what bothers you.
당신을 괴롭히는 것을 이해하십시오.

Find more time for yourself.
당신 자신을 위해서 더 많은 시간을 갖도록 하세요.

Everyone learns from life.
모든 사람은 인생으로부터 배웁니다.

Know what you like.
당신이 좋아하는 것을 알고 있어야 합니다.

An idea can always be improved.
어떤 아이디어든지 항상 개선될 수 있습니다.

Love has a tragic side.

사랑은 비극적인 면도 가지고 있습니다.

A little bait catches a big fish.

작은 미끼가 큰 고기를 잡습니다.

Even the longest day will come to an end.

아무리 긴 하루라도 끝이 옵니다.

Call things by their right name.

모든 것들은 올바른 이름(정확한 명칭)으로 사용하세요.

It is better to delay than to err.

실수하는 것보다는 천천히 하는 것이 더 좋습니다.

Test your endurance.

당신의 인내심을 테스트해 보십시오.

Faith is working in the dark.

믿음은 어려울 때 나타납니다.

You can be happy if you want to be.

당신이 행복해지길 원한다면 당신은 행복해질 수 있습니다.

Let others have the glory.
다른 사람들이 영광을 갖게 하세요.

It is easy to live a bad life.
나쁜 인생을 사는 것은 쉽습니다.

Find some good in everything.
모든 것에서 좋은 점들을 찾으세요.

Have patience with all things.
만사에 인내심을 가지십시오.

Embrace your failings.
당신의 실패를 껴안으세요.

Learn to cope with rejection.
거절을 극복하는 것을 배우십시오.

Make your mind run your body.
당신의 정신이 육체를 움직이게 하십시오.

Happiness is a part of love.
행복은 사랑의 일부입니다.

Be kind to the unkind.

불친절한 사람들에게 친절하세요.

Joy is the best wine.

기쁨이 최고의 포도주입니다.

Discover the work you love.

당신이 좋아하는 일들을 발견하세요.

Good things can be painful.

좋은 것들도 고통스러울 수 있습니다.

Keep busy.

바쁘게 지내세요.

Do not argue if you know you are wrong.

만일 당신이 잘못했다는 것을 알고 있다면 다투지 마세요.

Takers lose and givers win.

받는 사람들은 잃게 되고 주는 사람들은 얻습니다.

Art can free the soul.

예술은 영혼을 자유롭게 합니다.

Business is business.

사업은 사업입니다(공과 사를 구별하십시오).

All fires start out small.

모든 화재는 작게 시작합니다.

Every life has a story.

모든 인간은 사연을 가지고 있습니다.

A beautiful picture is a silent teacher.

아름다운 그림은 조용한 선생님입니다.

Famous people are not necessarily good people.

유명한 사람들이라고 꼭 좋은 사람들은 아닙니다.

Time is supposed to go by.

시간은 흘러가는 것입니다.

Practice your passion.

당신의 열정을 훈련하세요.

Meet your obligations.

당신의 책무를 다하십시오.

Don't carry your joke too far.

당신의 농담을 너무 멀리 가지고 가지 마십시오.

Doubt everything at least once.

최소한 한 번 정도는 모든 것을 의심해 보세요.

Never promise a fish until it is caught.

생선을 잡을 때까지는 생선을 주겠다고 약속하지 마십시오.

Be prepared for the unexpected.

만일의 사태에 준비하십시오.

Ask questions and learn.

질문하십시오. 그리고 배우세요.

Help never comes too late.

도움은 결코 늦게 오지 않습니다.

Giving is receiving.

주는 것이 받는 것입니다.

Family is the greatest gift.

가족은 최고의 선물입니다.

True effort brings satisfaction.

진실한 노력은 만족을 가져옵니다.

Hear both sides before judging.

판단하기 전 양쪽의 말을 다 들어 보십시오.

The truth makes us free.

진실이 우리를 자유롭게 합니다.

Give courage to the timid.

소심한 사람들에게 용기를 주세요.

No news is good news.

무소식이 희소식입니다.

Love is impossible without understanding.

사랑은 이해 없이는 불가능합니다.

When you think all is lost, the future still remains.

당신이 모든 것을 잃었다고 생각할 때도 미래는 여전히 남아 있습니다.

Pleasure is gained by giving.

기쁨은 주었을 때 얻어집니다.

Do what you love, and success will follow.
당신이 좋아하는 것을 하십시오. 그러면 성공이 따라옵니다.

Never be idle.
결코 게으름을 피우지 마십시오.

Early birds catch the worms.
일찍 일어난 새가 벌레를 잡습니다.

Never stop exploring.
탐험을 결코 멈추지 마십시오.

Cool your temper.
당신의 화를 진정시키세요.

Two captains will sink a ship.
선장이 둘이면 배가 가라앉습니다.

Open yourself to new experiences.
새로운 경험들에 도전하세요.

Life can be beautiful.
인생은 아름답습니다.

Everyone has twenty four hours a day.

누구나 하루 24시간을 갖습니다.

Be the first to forgive.

용서하는 첫 번째 사람이 되십시오.

Spend less money than you have.

수입보다 적게 지출하십시오.

Many great people were late bloomers.

많은 위대한 사람들도 인생 후반에 성공했습니다.

Don't be afraid of tomorrow.

미래를 두려워하지 마세요.

Slow and steady wins the race.

천천히 그리고 꾸준하면 경쟁에서 이깁니다.

It is never foolish to forgive.

용서한다는 것은 결코 어리석지 않습니다.

Discover your skills.

당신의 재능을 발견하세요.

Don't tell jokes that can hurt someone else.

다른 사람에게 상처를 줄 수 있는 농담은 하지 마세요

Examine your life.

당신의 삶을 점검해 보십시오.

Offer something to the world.

세상을 위해서 뭔가 좋은 일을 하세요.

Music is a great bridge.

음악은 훌륭한 가교 역할을 합니다.

Keep love in your heart.

마음속에 사랑을 유지하세요.

Breathe before you speak.

말을 하기 전 먼저 숨을 고르세요.

Be a happy person.

행복한 사람이 되십시오.

Many drops of water make an ocean.

많은 물방울들이 바다를 이룹니다.

Call people by name.

사람들에게는 이름을 불러 주십시오.

It is better to be careful than to be sorry.

미안해하기보다는 조심하는 편이 더 좋습니다.

Talk slowly, think quickly.

말은 천천히, 생각은 빨리하세요.

New things become used things the next day.

새로운 것들도 다음 날은 낡은 것이 됩니다.

Your best friend is yourself.

당신의 가장 좋은 친구는 당신 자신입니다.

Remember, you have two ears.

귀가 두 개라는 것을 기억하세요.

Even an old body can have a young mind.

몸은 늙었어도 마음은 젊을 수 있습니다.

Love will find many ways.

사랑은 많은 해결책을 가지고 있습니다.

Do nothing by halves.

일을 끝까지 마무리하십시오.

Friendship takes work.

우정을 갖기 위해서는 노력해야 합니다.

Nothing enters into a closed hand.

움켜쥔 손은 아무것도 가질 수 없습니다.

Life is full of mysteries.

인생은 알 수 없는 일들로 가득 차 있습니다.

Health is the greatest of human blessings.

건강은 축복 중에 가장 큰 축복입니다.

Crime pays.

죄를 지으면 벌을 받습니다.

Love cannot be forced.

사랑은 강요될 수 없습니다.

Suffering can make you stronger.

고통은 당신을 더 강하게 합니다.

Education is never a waste of time.
교육은 결코 시간의 낭비가 아닙니다.

Opportunity seldom knocks twice.
기회는 좀처럼 두 번 오지 않습니다.

Begin your dreams today.
오늘 당신의 꿈을 시작하세요.

Life is so interesting because it is imperfect.
인생은 불완전하기 때문에 더 흥미롭습니다.

Use your weaknesses.
당신의 약한 점을 활용하세요.

Find love within yourself.
당신 자신 안에서 사랑을 발견하세요.

Ideas never work unless you do.
실천하지 않는 아이디어는 무용지물입니다.

See yourself as successful.
성공한 당신을 상상하십시오.

Don't let fashion rule you.
외모 치장이 당신을 다스리지 않게 하십시오.

You can only lose what you have.
소유하고 있는 것만이 잃을 수 있습니다.

Act.
행동하십시오.

Fear less, hope more.
걱정은 적게, 희망은 많이 갖도록 하세요.

Do little things well.
작은 일들을 잘 처리하세요.

Enjoy what you have to do.
당신이 꼭 해야 할 일이라면 그 일을 즐기세요.

Don't try to fix your life all at once.
인생의 문제점들을 모두 한꺼번에 고치려고 하지 마세요.

If at first you don't succeed, try again.
만일 처음에 성공하지 못했다면, 다시 시도하세요.

Learn every step of the way.
한 걸음 한 걸음 배워 나가세요.

Never give in.
결코 굴복하지 마십시오.

Exceed your goals.
당신의 목표들을 초과하세요.

Food taste better when the table is well set.
식탁이 잘 정돈되어 있으면 음식이 더 맛있습니다.

Forgive your parents.
당신의 부모님을 용서하세요.

Doubt is the key to knowledge.
의심은 지식을 위한 열쇠입니다.

Listen and learn.
들으면서 배우세요.

Love conquers all things.
사랑은 모든 것을 정복합니다.

Love comes in all sizes, shapes and colors.
사랑은 다양한 크기와 모양, 색깔로 찾아옵니다.

A kind word goes a long way.
친절한 말은 멀리 갑니다.

Some things look better from a distance.
어떤 것들은 멀리서 보면 더 좋아 보입니다.

Kind words can heal and reconcile relationships.
친절한 말은 사람을 치유해 주고 관계를 회복시켜 줍니다.

Seek the best.
최상의 것을 구하세요.

Look for the truth.
진실을 찾으십시오.

Love is a great investment.
사랑은 위대한 투자입니다.

Reinvent yourself.
당신 자신을 개혁해 보세요.

We are all citizens of the world.
우리는 모두 세계시민입니다.

Live in balance.
균형 잡힌 삶을 사십시오.

You can't buy friendship.
우정을 살 수는 없습니다.

Prevention is the best cure.
예방이 가장 좋은 치료입니다.

Say what you mean.
당신이 의미하는 것을 말하세요.

Don't be afraid to say No.
'No'라고 말하는 것을 두려워하지 마세요.

The best way to succeed is to do small things well.
성공를 위한 최선의 방법은 작은 일들을 잘하는 것입니다.

When you are in love, it shows.
사랑에 빠지면 얼굴에 나타납니다.

Even a monkey falls from a tree sometimes.
원숭이도 나무에 떨어질 때가 있습니다.

Fight fairly.
정정당당하게 싸우세요.

Everyone can use a prayer.
누구든지 기도할 수 있습니다.

Good books create good ideas.
좋은 책들은 좋은 아이디어를 창조합니다.

Most crises present opportunities.
대부분의 위기는 기회를 제공합니다.

A good friendship makes both people happy.
좋은 우정은 서로를 행복하게 합니다.

In death, everybody is equal.
죽음 앞에서 모든 사람은 평등합니다.

Keep your ears open.
당신의 귀를 열린 채로 유지하십시오.

To love is a stronger feeling than to be loved.
사랑한다는 것은 사랑받는 것보다 더 강한 감정입니다.

Never use profanity.
결코 신성을 모독하지 마십시오.

Remember, there are two sides to every story.
모든 상황은 양면성이 있다는 것을 기억하세요.

A nap a day keeps doctors away.
매일 약간의 낮잠은 건강을 유지시킵니다.

Drive your dreams.
당신의 꿈을 밀고 나가세요.

Know how to forget.
잊는 방법을 알고 있어야 합니다.

Hang on to your dreams.
꿈을 잃지 마세요.

Remember to return borrowed items.
빌린 물건들은 반납한다는 것을 기억하세요.

Empty what is full.

꽉 차 있는 것은 비우세요.

Keep your good deeds silent.

당신의 선행을 떠벌리지 마세요.

Only you can put your ideas into action.

오직 당신만이 당신의 아이디어를 행동으로 옮길 수 있습니다.

Faith will move mountains.

신념은 산이라도 옮깁니다.

Find a way to do what you love.

당신이 좋아하는 일을 하기 위한 방법을 찾아보십시오.

Think otherwise.

여러가지 방법으로 생각해 보세요.

Nothing is the end of the world.

어떤 것도 세상의 끝은 아닙니다.

Drive away fear.

공포를 몰아내십시오.

You cannot please all of the people all the time.
모든 사람들을 항상 만족시킬 수는 없습니다.

Offer hope to people.
사람들에게 희망을 제공하십시오.

There are no rules for love.
사랑에는 규칙이 없습니다.

Love makes all things possible.
사랑은 모든 것을 가능하게 합니다.

Think yourself happy.
당신 자신을 행복하다고 생각하세요.

See clearly.
상황 판단을 잘하십시오.

Learn from adversity.
역경으로부터 배우십시오.

No one can be happy perfectly.
아무도 완벽하게 행복할 수는 없습니다.

Life is not a popularity contest.

인생은 인기 시합이 아닙니다.

Make money honestly.

정직하게 돈을 버세요.

Make your house a home.

당신의 집을 가정으로 만드세요.

Hope exists in everyone.

희망은 모든 사람에게 존재합니다.

Love funny stories.

재미있는 이야기들을 즐기세요.

If you think you can, you can.

만일 당신이 할 수 있다고 생각하면 할 수 있습니다.

Love people who love you.

당신을 사랑하는 사람들을 사랑하세요.

Find the things you want to do.

당신이 하고 싶은 일들을 찾으세요.

Relish small pleasures.

작은 기쁨들을 즐기세요.

Rome was not built in a day.

로마는 하루아침에 이루어지지 않았습니다.

Believe in your dreams.

자신의 꿈을 믿으세요.

If you don't use what you have, you lose it.

당신이 가지고 있는 것을 사용하지 않으면 그것을 잃게 됩니다.

Kiss and make up.

화해하십시오.

Be quick to praise people.

사람을 칭찬하는 데는 망설이지 마십시오.

Understand your role.

당신의 역할을 이해하세요.

When you decide to begin, begin right away.

시작하려고 결심했을 때는 즉시 시작하세요.

Don't worry, just be happy!

걱정 말아요, 그대. 그냥 행복하세요.

Don't compare siblings.

형제자매를 비교하지 마십시오.

Love never grows tired.

사랑은 결코 피곤해지지 않습니다.

Play it cool.

신사답게 처신하세요.

Listen with your open heart.

열린 마음을 가지고 들으세요.

If you don't do anything, nothing will happen.

당신이 아무것도 하지 않으면 어떤 일도 일어나지 않습니다.

Be faithful.

성실하십시오.

Master fear.

공포를 정복하세요.

Nothing is lost when you seek truth.
당신이 진실을 추구할 때는 아무것도 잃지 않습니다.

Respect your children.
당신의 자녀들을 존중하세요.

No time like the present.
현재와 같은 시간은 존재하지 않습니다.

Love begins a new life.
사랑은 새로운 인생을 시작하게 합니다.

The truth frightens many people.
진실은 많은 사람들을 놀라게 합니다.

How you spend your time is the way you live.
시간을 보내는 방식이 당신이 살아가는 방식이 됩니다.

Life is a song to sing.
인생은 불러야 할 하나의 노래입니다.

Never give up.
결코 포기하지 마세요.

Every fish that escapes seems bigger than it is.
도망간 생선들은 더 크게 느껴집니다.

Love removes hate.
사랑은 증오를 제거합니다.

Enjoy life.
삶을 즐기십시오.

Only death destroys hope.
오직 죽음만이 희망을 파괴합니다.

Receive by giving.
먼저 주세요. 받게 됩니다.

Respect tradition.
전통을 존중하세요.

Forget a wrong, remember a kindness.
나쁜 것은 잊어버리고 좋은 것은 기억하세요.

Don't be afraid of defeat.
실패를 두려워하지 마십시오.

Invest in your health.

건강에 투자하세요.

You can't say yes to everything.

모든 것에 **yes**라고 말할 수는 없습니다.

Find out all you can do in life.

살아가면서 당신이 할 수 있는 모든 것들을 찾아보세요.

Accept the worst.

최악의 상태라도 받아들이세요.

If someone can do it, you can do it.

만일 누군가가 그것을 할 수 있다면 당신도 할 수 있습니다.

Trust your hope.

당신의 꿈을 믿으세요.

Play to win.

이기기 위해서 경기하십시오.

Good times are for remembering.

좋은 시간은 기억하기 위해서 존재합니다.

Remember your promises.

당신의 약속들을 기억하십시오.

Share your imagination.

당신의 상상력을 나누어 가지세요.

Knowledge does not have a ceiling.

지식은 제한이 없습니다.

Nobody knows everything.

모든 것을 알고 있는 사람은 아무도 없습니다.

Life is an uncertain voyage.

인생은 불확실한 항해입니다.

Stand your ground.

당신의 주관을 지키세요.

Every tale can be told in a different way.

모든 이야기는 다르게 말해질 수 있습니다.

Be prepared for difficult times.

어려운 시기를 위해서 대비하십시오.

Wish to know all the truths.
모든 진실을 알기를 소망하십시오.

Marrying for money is the hardest way to earn it.
돈을 보고 결혼하면 결코 돈을 손에 넣지 못합니다.

The sun shines after every storm.
폭풍 후에는 태양이 빛납니다.

Art gives life meaning.
예술은 인생에 의미를 줍니다.

Money begets money.
돈이 돈을 낳습니다.

Learn what you don't know.
당신이 모르는 것을 배우십시오.

The first blow does not fell the tree.
첫 한 방에 나무를 넘어뜨릴 수는 없습니다.

Boys will be boys.
어린이들은 어린이일 뿐입니다.

Works make life sweet.

일은 인생을 달콤하게 만듭니다.

Good bargains empty your pocket.

세일(**sale**)을 찾아다니면 빈털터리가 됩니다.

Time is not for sale.

시간은 매각을 위한 것이 아닙니다.

Each sorrow has its purpose.

모든 슬픔에는 그 목적이 있습니다.

Play with your heart.

양심에 따라 행동하십시오.

Time heals all wounds.

시간은 모든 상처를 치유합니다.

Slow down.

모든 일에 여유를 가지세요.

Learn about love.

사랑에 관해서 배우세요.

Send flowers to someone that you know.
지인들에게 꽃을 보내세요.

When you betray someone else, you always betray yourself.
당신이 누군가를 배신할 때 자신도 함께 배신합니다.

Never go grocery shopping when you are hungry.
배가 고플 때는 절대 장보기를 하지 마세요.

Always have more love than money.
항상 돈보다는 사랑을 더 많이 갖도록 하세요.

Every road has hills.
모든 길에는 언덕이 있습니다.

Begin where you are.
당신이 있는 바로 그곳에서 시작하세요.

Do not complain of the boat that carries you safely.
당신을 안전하게 데려다주는 보트에 대해서 불평하지 마십시오.

Quiet the mind.
마음을 침착하게 유지하십시오.

Something is learned every time book is opened.
책을 펴 놓을 때마다 뭔가를 배우게 됩니다.

Keep life simple.
삶을 단순하게 유지하십시오.

Love has no ceiling.
사랑은 무한합니다.

Be courteous to old people.
나이 든 사람들에게 정중하십시오.

Feed your body and your mind more.
몸보다는 정신 건강에 더 많은 신경을 쓰세요.

It takes two to fight.
싸움에는 두 사람이 필요합니다.

Respect the rules.
규칙들을 존중하십시오.

Compliment others.
다른 사람들을 칭찬하십시오.

Manage stress.
스트레스를 잘 다스리세요.

Greed creates waste.
욕심은 낭비를 가져옵니다.

Seize good luck.
행운을 꽉 붙드세요.

Find your purpose.
당신의 목적을 발견하십시오.

Kind words are easy and simple to say.
친절한 단어는 말하기에 쉽고 간단합니다.

There is always a way.
어떤 경우에도 방법은 있습니다.

Laugh loudly.
큰 소리로 웃어 보십시오.

Organize your day in the morning.
아침에 하루 일과를 계획하십시오.

Do it right the first time.
첫 단추를 잘 끼우세요.

Charity begins at home.
사랑은 집에서 시작됩니다.

Remember the power of kindness.
친절의 힘을 기억하세요.

Don't learn useless things.
쓸데없는 것들은 배우지 마십시오.

The best judge of an argument is time.
논쟁에 대한 최고의 판사는 시간입니다.

Everything has two sides.
모든 것에는 양면성이 있습니다.

Only lazy people get bored.
오직 게으른 사람만이 지루함을 느낍니다.

Do not make the day shorter by waking up late.
늦게 일어남으로써 하루를 짧게 하지 마십시오.

Do the right thing.

올바른 일을 하세요.

Passion leads to success.

열정은 성공으로 가는 길입니다.

Do not forget to dream.

꿈을 갖는 것을 잊지 마세요.

Respect yourself and others.

당신 자신과 타인을 존중하십시오.

Know what you can control and what you can't.

당신이 통제할 수 있는 것과 통제할 수 없는 것을 알아야 합니다

Do not sign up for things you hate.

내키지 않는 일에는 사인하지 마세요.

You will never regret doing extra work.

여분의 일을 한 것에 대해서 당신은 결코 후회하지 않을 것입니다.

Knowledge arrives from failed experiments.

지식은 실패한 실험으로부터 옵니다.

Arrive at work early.

일찍 출근하세요.

Never go to bed angry.

절대 화난 채로 침대에 들지 마세요.

You can do anything if you have passion.

열정이 있다면 당신은 무엇이든지 할 수 있습니다.

Words have power to destroy or heal.

말은 파괴할 수도 있고, 치료할 수도 있는 힘을 가지고 있습니다.

Greed brings death.

탐욕은 죽음을 가져옵니다.

Compete, do not envy.

경쟁하십시오. 그러나 부러워하지 마세요.

Give to charity.

자선하십시오.

Understand that life is not fair.

삶이 공평치 않다는 것을 알아야 합니다.

Love creates love, hate brings hate.
사랑은 사랑을 가져오지만 증오는 증오를 가져옵니다.

All you need to have fun is one good friend.
즐거움을 갖기 위해서 당신이 필요한 모든 것은 좋은 친구 한 사람입니다.

Listen to silence.
침묵에 귀를 기울여 보세요.

Birds sing after storms.
새들은 태풍 후에 노래합니다.

Accept challenges.
도전을 받아들이세요.

Know the true value of time.
시간의 진정한 가치를 아세요.

Dance to different drummers.
여러 가지 음악에 맞춰 춤을 춰 보세요.

Refuse to be negative.
부정적인 것들은 거부하십시오.

Manners make the man.
예의범절이 사람을 만듭니다.

You do not need to buy a cow just because you like milk.
우유를 좋아한다고 해서 소를 살 필요는 없습니다.

Learning is healthy.
배우는 것은 건강에 좋습니다.

Everyday should be a new experience.
매일매일이 새로운 경험입니다.

Reach for the impossible.
불가능한 일에 도전해 보십시오.

If you enjoy old age, then you have won the game.
만일 당신이 노년을 즐기고 있다면 당신은 경기에 이긴 것입니다.

Live within your income.
소득에 맞게 생활하세요.

Look for opportunities.
기회를 찾으십시오.

Grow old gracefully.

우아하게 늙어 가세요.

A tree is known by its fruit.

나무는 그것의 열매로 알 수 있습니다.

Don't conceal love.

사랑을 숨기지 마세요.

Think big, but let the little things make you happy.

꿈을 크게 가지십시오. 그러나 작은 일들에도 행복하십시오.

Faith is stronger than hope.

믿음은 희망보다 강합니다.

Life's possibilities are endless.

삶이 주는 가능성은 끝이 없습니다.

No one can serve two masters.

아무도 두 주인을 섬길 수는 없습니다.

Give thanks for your food.

음식에 대해서 감사한 마음을 가지십시오.

The past was once the future.

과거도 한때는 미래였습니다.

Aim high.

목표를 높이 설정하세요.

Start over every morning.

매일 아침 새롭게 시작하세요.

People who enjoy life tend to live longer.

인생을 즐기는 사람은 오래 사는 경향이 있습니다.

Think noble thoughts.

고상한 생각을 하세요.

The pen is mightier than the sword.

펜은 검보다 강합니다.

Pay bills on time.

청구서는 제때에 지불하십시오.

Worrying can be controlled.

걱정거리는 통제될 수 있습니다.

Don't criticize a gift.

선물을 비판하지 마세요.

Remember to write "thank you" notes.

답례 카드 쓰는 것을 잊지 마세요.

Accept yourself like you accept others.

남들을 받아들이는 것처럼 자신도 받아들이세요.

Don't make the sauce until you have caught the fish.

생선을 잡을 때까지는 소스를 만들지 마세요.

Be happy with who you are and what you have.

당신이 가지고 있는 것과 현 상태에서 행복하세요.

Be patient with everyone.

모든 사람들에게 인내심을 가지세요.

Exercise instead of worrying.

걱정 대신에 운동을 하십시오.

Play time is essential.

휴식은 필수입니다

Watch your language.
말을 신중하게 하세요.

Be useful.
쓸모 있는 사람이 되세요.

Start something new today.
오늘 새로운 일을 시작해 보세요.

Great dreams make great men.
위대한 꿈이 위대한 사람을 만듭니다.

As one sows, so shall he reap.
뿌린 대로 거둡니다.

Practice makes perfect.
연습이 완벽함을 만듭니다.

Faithfulness makes all things possible.
성실하면 모든 것이 가능해집니다.

Slow and steady wins the race.
천천히 그리고 지속적이면 경기에서 이깁니다.

It is okay to walk slowly but never walk back.
천천히 걸어도 좋지만 절대 돌아서지는 마십시오.

Better the last smile than the first laughter.
마지막 미소가 처음의 큰 웃음보다 낫습니다.

We give advice, but we cannot give conduct.
우리는 충고를 줄 수는 있으나 행동을 줄 수는 없습니다.

Ability is decided by one's own effort.
능력은 자신의 노력에 의해서 결정됩니다.

There is no royal road to learning.
학문에는 왕도가 없습니다.

Where there is a will, there is a way.
뜻이 있는 곳에 길이 있습니다.

Books are ships that pass through the vast seas of time.
책은 광대한 시간의 바다를 지나가는 배와 같습니다.

No sweat, no sweet.
땀이 없으면 달콤함도 없습니다.

Step by step goes a long way.
한 걸음 한 걸음이 먼 길을 갑니다.

Everybody will see three great opportunities every day.
모두가 매일 세 번의 좋은 기회를 가지고 있습니다.

Good words cost nothing but are worth much.
좋은 말들은 비용이 들지 않지만 많은 가치가 있습니다.

Think twice before you answer.
대답하기 전에 두 번 생각하세요.

Do traveling as much as you can.
할 수 있는 한 많이 여행하세요.

Be humble to anybody.
누구에게든지 겸손하세요.

Time flies like an arrow.
시간은 화살처럼 지나갑니다.

A sound mind in a sound body.
건강한 몸에 건강한 정신이 깃듭니다.

Once you start it, you finish it.
일단 시작한 일은 끝을 내십시오.

Music makes life more pleasant.
음악은 인생을 더 기쁘게 합니다.

Do everything in order.
모든 것을 순서대로 하십시오.

Kindness is a great peacemaker.
친절은 평화를 가져옵니다.

If you are bored, look for something to do.
만일 당신이 지루하다면 해야 할 뭔가를 찾아보세요.

Bad people are usually not happy.
나쁜 사람들은 대체로 행복하지 않습니다.

After sorrow comes joy.
슬픔 후에 기쁨이 옵니다.

Doing is better than saying.
행동은 말보다 좋습니다.

The wise learn from history.

현명한 사람은 역사를 통해서 배웁니다.

Every day is life.

하루하루가 인생입니다.

As we live, so we learn.

우리 모두 살아가면서 배웁니다.

Walk away from temptation.

유혹을 멀리하세요.

Let truth guide you.

진실이 당신을 인도하게 하십시오.

Life is too short to spend worrying.

인생을 걱정 근심으로 보내기에는 너무 짧습니다.

Do not corner a rat.

쥐를 모퉁이에 몰아넣지 마세요.

Actions make history.

행동이 역사를 만듭니다.

Silence is the best defense for the ignorance.
침묵은 무시에 대한 최고의 방어입니다.

If you need an honest answer, ask an old friend.
정직한 대답을 듣고 싶거든 오랜 친구에게 물어보세요.

You won't get if you don't try.
시도하지 않으면 얻지 못합니다.

You can always be happier or unhappier.
당신은 언제든지 더 행복해질 수도, 더 불행해질 수도 있습니다.

If you don't feel old, then you are not.
당신이 늙었다고 느끼지 않는다면 당신은 젊습니다.

Use your energy positively.
당신의 에너지를 긍정적으로 사용하세요.

Be kind to yourself.
당신 자신에게 친절하십시오.

Education is what makes people different.
교육은 사람을 변화시킵니다.

Long faces make short lives.

찌푸린 얼굴은 수명을 단축시킵니다.

Have pleasure in giving pleasure.

남에게 기쁨을 주면서 기쁨을 가지세요.

When in doubt, do nothing.

의심스러울 때는 아무것도 하지 마세요.

Know when to speak and be quiet.

말할 때와 침묵할 때를 아세요.

Stretch your mind.

당신의 마음을 넓히세요.

You cannot follow two paths.

두 개의 길을 따라갈 수는 없습니다.

Laughter is a pain killer.

웃음은 고통을 줄여 줍니다.

Talk quietly.

조용하게 말하세요.

Never give up on what you really want to do.

정말로 하고 싶은 일은 결코 포기하지 마세요.

Do not be a slave to your past.

과거에 집착하지 마세요.

Learn from the past mistakes and move on.

과거의 실수를 통해서 배우면서 계속 전진하세요.

You can't change the past. But you can be changed by the past.

당신은 과거를 바꿀 수는 없지만 과거에 의해서 바뀔 수는 있습니다.

Laughter is an instant vacation.

웃음은 순간의 휴가입니다.

Everyone can be changed by events.

모든 사람은 크고 작은 사건들에 의해서 변할 수 있습니다.

Time makes us different people.

시간이 사람을 변하게 합니다.

You can gain knowledge from everyone.

모든 사람들로부터 지식을 얻을 수 있습니다.

Respect time.

시간을 존중하십시오.

Give people a second chance.

사람들에게 기회를 한 번 더 주세요.

It is never too late to start reading.

독서를 시작하기에 늦은 때는 없습니다.

Listening matters.

남의 말을 듣는 것은 중요합니다.

Look out and not in.

안쪽이 아닌 밖을 바라보세요.

Never worry about yesterday or tomorrow.

지나간 일이나 또는 미래에 대해서 너무 걱정하지 마세요.

Truth will come out.

진실은 밝혀집니다.

You learn more by listening than by talking.

말할 때보다 들을 때 더 많이 배웁니다.

The best kind of peace is peace of mind.
최고의 평화는 마음의 평화입니다.

Good times are better when shared.
좋은 시간은 서로 나눌 때 더 좋습니다.

Catch a good sunset from time to time.
때때로 아름다운 석양을 감상하세요.

Love gives you the strength to start over again.
사랑은 당신에게 다시 시작할 수 있는 힘을 줍니다.

Do not let makeup hide your beauty.
화장이 당신의 아름다움을 가리게 하지 마세요.

Blaming others is silly.
남을 비난하는 것은 어리석은 일입니다.

Let love come naturally.
사랑이 자연스럽게 오도록 하세요.

Live life on purpose.
목적을 가지고 사세요.

Speech is silver, silence is gold.
대화가 은이라면 침묵은 금입니다.

Don't be too critical of others.
다른 사람들에게 너무 비판적이지 마세요.

Speak clearly with grace.
우아하고 분명하게 말하세요.

Compliment even small improvements.
아주 작은 발전도 칭찬하세요.

Good thoughts are half of health.
좋은 생각이 건강의 절반을 차지합니다.

Open your heart.
당신의 마음을 여세요.

Make new friends but keep the old ones.
새로운 친구들을 사귀되 오래된 친구들을 소중히 생각하세요.

In all things, do your best.
모든 일에 최선을 다하세요.

There is no greater crime than loss of time.

시간을 낭비하는 것보다 더 큰 범죄는 없습니다.

Age is a frame of mind.

나이는 마음먹기에 달린 것입니다.

Work diligently.

부지런히 일하세요.

Stay humble.

항상 겸손하십시오.

Lift people up.

사람들을 격려해 주세요.

True love never stops growing.

진실한 사랑은 결코 멈추지 않습니다.

This too shall pass.

이것 또한 지나갈 것입니다.

Thinking is the best medicine for the body and mind.

명상은 정신과 육체를 위한 최고의 명약입니다.

Survive failure.

실패를 딛고 일어나세요.

Trust yourself.

당신 자신을 믿으세요.

Silence is often the key to success.

침묵은 가끔 성공의 열쇠가 됩니다.

Read every day.

매일 독서하세요.

Knowledge will set you free.

지식이 당신을 자유롭게 할 것입니다.

The future arrives every day.

미래는 매일 도착합니다.

Time determines who is right.

시간은 누가 옳은지를 결정해 줍니다.

Learn from the world.

세상으로부터 배우십시오.

Review your life regularly.
정기적으로 당신의 인생을 돌아보세요.

Wisdom does not come by chance.
지혜는 우연히 오지 않습니다.

Friendship is love with understanding.
우정은 이해심을 가진 사랑입니다.

Feeling good about youself is a sign of success.
좋은 기분을 유지하는 것이 성공의 신호입니다.

Love is an energy booster.
사랑은 에너지를 증폭시켜 줍니다.

Love what is inside you.
당신 안에 있는 것들을 사랑하십시오.

Be a friend to yourself and others will soon be.
당신 자신에게 친구가 되십시오. 그러면 다른 사람들도 친구가 될 것입니다.

It does not cost anything to be kind.
친절하기 위해서 비용이 드는 것은 아닙니다.

Cowards die many times before their deaths.

겁쟁이들은 죽기 전에 수십 번 죽습니다.

You never know how many rooms there are before you open the door.

시도하기 전에는 얼마나 많은 기회가 있는지 결코 알지 못합니다.

Speak fairly all the time.

항상 공명정대하게 말하세요.

Pray with your heart, not your brain.

머리가 아닌 심장으로 기도하십시오.

Your community is the world.

당신이 속한 사회가 당신의 세계입니다.

Little and often fills the purse.

조금씩, 자주가 지갑을 채웁니다.

Learning has no limit.

배움에는 끝이 없습니다.

Simple words can have profound meanings.

간단한 말들도 의미심장한 뜻을 가질 수 있습니다.

Forgiving gives everybody strength.

용서는 모두에게 힘을 줍니다.

Never think that you are not good enough.

당신이 무능하다고는 절대 생각하지 마십시오.

Create your own world.

당신 자신의 세계를 창조하십시오.

Love proudly.

당당하게 사랑하세요.

Take advice from those you admire.

당신이 존중하는 사람들로부터 충고를 얻으세요.

Reading a book is like living another life.

책을 읽는다는 것은 또다른 인생을 사는 것과 같습니다.

Be aware of danger signals.

위험 표지판을 무시하지 마십시오.

The worst excuse is "I did it because everybody did it".

가장 나쁜 변명은 "모두가 그것을 했기에 나도 했다"라고 말하는 것입니다.

Notice your chances in life.

살아가면서 당신의 기회를 알아차리세요.

Be prudent.

신중하십시오.

Enemies can be useful.

적도 유용할 때가 있습니다.

Take the time to express love.

사랑을 표현하기 위한 시간을 가지세요.

Cowards die many times, but hero dies once.

겁쟁이들은 여러 번 죽지만 영웅은 한 번 죽습니다.

It is never too late in life to make a new start.

인생에서 새 출발을 하는 데 결코 늦는 법은 없습니다.

Mirrors do not lie.

거울은 거짓말을 하지 않습니다.

Whatever happens, you can still go forward.

무슨 일이 일어나도 당신은 계속 전진할 수 있습니다.

Don't change a horse in midstream.
강 가운데서는 말을 바꿔 타지 마십시오.

The man who hates others hates himself.
남들을 증오하는 사람은 자신도 증오합니다.

The man who loves others loves himself.
남들을 사랑하는 사람은 자신도 사랑합니다.

Look for ways to praise others.
타인을 칭찬하기 위한 구실을 찾아보세요.

Never tell yourself you cannot do it.
자기 자신에게 너는 그것을 할 수 없다고 결코 말하지 마세요.

Even when you are sick, dressed and love life.
아플 때라도 잘 차려입고 인생을 사랑하십시오.

In order to be successful, you must fail first.
성공하기 위해서는 먼저 실패하지 않으면 안 됩니다.

It is easy to see happiness in other people.
남들의 행복을 보는 것은 쉽습니다.

Memorize a poem.

한 편의 시를 암송하세요.

Inspired people inspire people.

영감을 받은 사람이 타인에게 영감을 줍니다.

Having a good reputation is invaluable.

좋은 평판을 갖는 것은 무한대의 가치가 있습니다.

Life begins every morning anew.

인생은 매일 아침 새롭게 시작됩니다.

People despise what they don't understand.

사람들은 그들이 이해하지 못하는 것을 경멸합니다.

Allow yourself to make mistakes.

당신이 실수하는 것을 허락하십시오.

The grateful man gets more than he asks.

감사하는 사람은 원하는 것보다 더 많은 것을 갖게 됩니다.

The deeper the foundation, the stonger the house.

기초가 깊을수록 집은 튼튼해집니다.

Chance is always just right around the corner.

기회는 항상 아주 가까운 곳에 있습니다.

Read the classics.

고전소설들을 읽으세요.

Control your thoughts.

당신의 생각들을 통제하십시오.

Once you master the basic English grammer, You can speak English very well.

기초영문법에 숙달하면 영어를 매우 잘할 수 있습니다.

명언으로 유창한 영어

ⓒ Philip Cha, 2020

초판 1쇄 발행 2020년 3월 15일

지은이   Philip Cha
펴낸이   이기봉
편집   좋은땅 편집팀
펴낸곳   도서출판 좋은땅
주소   서울 마포구 성지길 25 보광빌딩 2층
전화   02)374-8616~7
팩스   02)374-8614
이메일   gworldbook@naver.com
홈페이지   www.g-world.co.kr

ISBN   979-11-6536-219-5 (03740)

이 도서의 국립중앙도서관 출판예정도서목록(CIP)은 서지정보유통지원시스템 홈페이지(http://seoji.nl.go.kr)와 국가
자료공동목록시스템(http://www.nl.go.kr/kolisnet)에서 이용하실 수 있습니다. (CIP제어번호: CIP2020009253)